질러!
니 멋대로!

질러! 니 멋대로!

생존과 꿈 사이에서 고민하는 청춘에게

이정철 지음

아틀라스
북스

'나는 어떤 사람일까?'

'내 꿈은 뭐지?'

'내 인간관계는 왜 이런 걸까?'

'내 삶은 지금 옳은 방향으로 가고 있는 걸까?'

이런 고민들을 한 번이라도 해보지 않은 사람이 있을까요? '나'라는 존재에 대한 깊은 고민들이 허구한 날 비처럼 쏟아집니다. 그러다 점점 그 고민들이 한 곳으로 모이고 결국 '행복한 삶이란 무엇인가'라는 커다란 바다가 되지요. 그리고 우리는 그 크나큰 바다로 들어가기가 두렵고 무서워 고민에 그칠 뿐 그저 멀리서 지켜보기만 해왔습니다.

이 책 《질러! 니 멋대로!》는 여러분의 인생에 훈수를 두지 않습니다. 그냥 제목 그대로 이해하면 됩니다. 여러분의 인생은 여러분 멋대로 사는 것이니까요. 지금까지 멋대로 살아왔나요? 여러분만의 철학과 꿈이 있고, 거기에 맞는 인간관계를 맺고 있나요? 어쩌면 우리는 '내 인생'이지만 내 멋대로 살지는 못했는지 모릅니다. 진짜 '나'는 잃어버린 채, 하고 싶었던 일과 뱉고 싶었던 말들을 하지 못한 채 살아온 것이지요.

세상은 녹록지 않았습니다. 따뜻함을 잃은 도시에 실망한 청춘들, 인간관계에서 이질감을 느낀 청춘들, 꿈과 현실 그 중간에서 좌절하는 청춘들이 넘쳐납니다. 그렇게 힘든 오늘을 버텨가며 밝게 빛날 훗날만을 기다리고 있습니다. 하지만 우리가 그토록 기다리는 그 '훗날'은 좀처럼 오지 않지요. 그러다보니 '나는 행복할 수 없을 거야', '이런 삶에서 어떻게 행복을 찾으라는 거야?'라는 생각이 듭니다.

이 책은 바로 그런 청춘들을 위한 내용을 담고 있습니다. 오늘도, 내일도, 모레도 힘겹게 지친 삶을 살아가는 청춘들에게 오늘도, 내일도, 훗날도 밝은 삶을 전하고 있습니다. 행복과는 괴리감을 느끼며 살아온 여러분에게 '아! 이 책이다!'라는 느낌을 줄 것입니다.

'그런 삶이 이 세상에 어디 있어?'라고 생각할 수 있습니다. 귀신을 믿으십니까? 귀신은 있다고 믿는 사람들에게만 보입니다. 행복도 같은 이치입니다. 강한 확신을 가지고 믿고 행동하는 사람에게만 보입니다. 책을 한 장 두 장 넘길 때마다 여러분에게 강한 확신을 심어드리겠습니다. 그리고 책을 덮을 즈음에는 여러분의 얼굴에 작은 보조개가 피어나길 바랍니다.

이제는 여러분만의 철학, 인간관계, 꿈이 모여 있는 그 바다에 용기 있게 뛰어들 시간입니다. 그 바다는 결국 여러분 자신이며, 여러분 모두가 하나의 큰 바다입니다. 나만의 철학과 인간관계와 꿈이 모여 진짜 '내'가 되는 것이니까요.

동일선상에 서 있는 여러분의 친구이자 청춘으로서 오늘 만날 수 있는 행복을 전하려고 펜을 들었습니다. 이 책을 펼쳐든 여러분의 청춘은 지금 막 빛나기 시작할 것입니다. 눈앞에 펼쳐진 행복들은 눈이 아닌 여러분의 의지로 볼 수 있습니다. 눈으로 보기 전에 마음으로 보아야 합니다. 이 책에 담긴 글들이 여러분의 눈을 거쳐 마음속 어딘가에서 행복한 현실로 나타나기를 기대합니다.

이제 막 빛나게 될 청춘들에게 한 송이 행복을 전합니다.
청춘이 청춘에게.

이정철

contents

2장 인간관계의 가설과 함정

3부 내 멋대로 만드는 꿈과 성취의 행복 

1장 꿈을 찾으셨나요?

당신은 지금 행복한가요?

"당신은 지금의 삶이 행복한가요? 행복하다면 무엇을 할 때 가장 행복한가요?"

유튜브를 통해 길거리에서 10,20대들에게 이런 질문을 하는 사람의 영상을 본 적이 있습니다. 호기심에 클릭을 하게 되더군요. 여러분도 한 번 스스로에게 같은 질문을 해보세요. 생각보다 많은 시간을 고민해야 하나쯤 답이 떠오를 것입니다. 유튜크 영상에서는 각양각색의 대답들이 나왔습니다. 맛있는 음식을 먹을 때 가장 행복하다, 월급이 들어왔을 때 가장 행복하다, 사랑하는 연인과의 시간이 가장 행복하다 등등 사람마다 행복을 느끼는 원천은 제각각이었지요.

그 영상에서 제가 초점을 두고 본 대상은 대답을 하지 돗하고 머뭇거리는 사람들이었습니다. 아마 자신이 무엇을 할 때 행복을 느졌는지 모르거나, 지금의 삶이 정말로 불행하거나, 둘 중 하나라고 생각했습니다. 사실 이 2가지는 서로 연결되어 있습니다. 행복을 못 느끼면 불행할 수밖에 없으니까요. 생각보다 많은 10, 20대들이 '언제 행복하느냐'는 질문에 바로 대답하지 못했다는 것은 '행복'이라는 단어를 꽤나 멀리하고 살았다는 증거이기도 합니다.

우리의 삶에는 3가지 큰 과제가 놓여 있습니다. 내면에서 스스로 이겨내야 하는 '내면의 과제', 다른 사람들과 더불어 살면서 맞닥뜨리는 '인간관계의 과제', 마지막으로 꿈과 목표를 이루어나가는 '성취의 과제'가 그것입니다. 우리의 삶은 이 3가지 과제의 연속으로 이루어집니다. 그래서 저는 이 책의 주제를 정하면서 여러분이 위의 3가지 과제를 수행해나가면서 행복을 찾을 수 있도록 하는 데 초점을 맞췄습니다.

일단 스스로 찾아낼 수 있는 행복, 즉 내면에서의 행복을 먼저 찾아야 다른 사람들과의 관계에서의 행복도 찾을 수 있습니다. 그래서 이 책의 첫 번째 주제를 '내면의 행복'으로 정했습니다.

이 책의 두 번째 주제는 '인간관계의 행복'로 정했습니다. 저를 포함해 어느 누구도 혼자 살아갈 수는 없으며, 타인과의 소통을 통해 조화를 이루고 행복을 꽃피울 수 있기 때문이지요.

마지막 주제는 삶을 살아가면서 목표를 세우고 그것을 이루어나가는 '성취의 행복'입니다.

저는 글 쓰는 재주가 없습니다. 좋은 인간관계를 만드는 방법을 공부하지도 않았고, 심리학과를 나오지도 않았습니다. 그런 분야에 대한 전문적인 지식도 없습니다. 훌륭한 대학교를 다니거나 머리가 좋지도 못합니다. 나이도 어리고 크게 내세울 만한 경험이나 멋진 사건들도 없습니다. 정말로 그런 분야에는 아무런 경력이나 재능이 없어요. 사실입니다.

하지만 살아가면서 쌓은 많은 지식과 경험이 행복을 만들어줄까요? 나이를 먹으면 자연스럽게 생각이 깊어지고 행복이 찾아올까요? 그렇다면 저를 포함해 10,20대들은 행복을 찾을 수 없는 것일까요?

한 가지 자신 있게 말할 수 있는 것은, 저는 지금의 삶이 너무나도 행복하다는 사실입니다. 저는 행복을 전하는 멋진 스타 강사도 아니고 화려한 경력도 없지만, 나이가 어리고 대단한 경험도 없지만, 남들처럼 평범하지만, 그럼에도 불구하고 오늘만큼은 행복하고 싶었습니다.

아무것도 없기에 제 글은 특별하지 않습니다. 인생이 그렇잖아요. 특별한 인생을 사는 사람이 세상에 얼마나 되겠습니까. 평범한 제 인생도 행복할 수 있는데 여러분이라고 행복하지 못할 이유가 어디 있겠습니까? 그래서 특별하지는 않지만, 저처럼 평범한 일상을 살아가는 10,20대들에게 행복을 찾게 도와줄 제 경험과 사고방식을 이야기하려고 합니다. 그 이야기들을 통해 여러분이 얼마나 행복한 사람인지, 얼마만큼 더 행복할 수 있는지 알게 되었으면 합니다. 이번에는 제가 여러분에게 물어보겠습니다.

"당신은 지금의 삶이 행복한가요?"

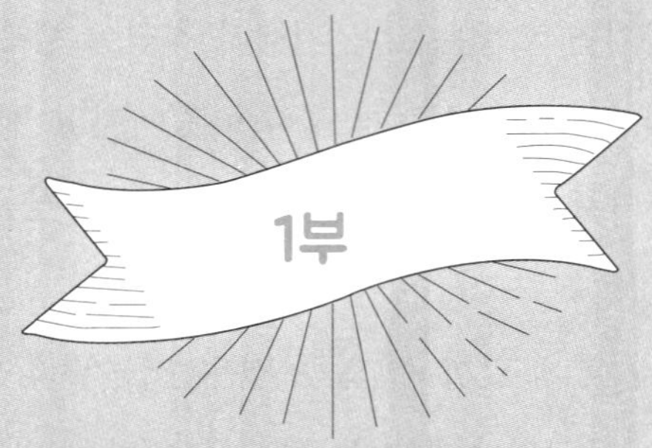

행복을 비교당하지 않을 권리 찾기

공작새는 다른 공작새의 꼬리를 부러워하지 않는다는 사실을 알고 있나요? 저마다 자기의 꼬리가 가장 아름답다고 생각하기 때문이라고 합니다. 자신의 꼬리가 최고이므로 굳이 다른 공작새에게 내 꼬리를 자랑하거나 경쟁할 필요가 없는 것이지요. 어쩌면 공작새가 우리보다 자신의 '가치'를 잘 알고 있는지도 모릅니다.

1장

당신은 따뜻한 사람입니까?

세상이 비록
냉정하고 차갑더라도

"세상이 얼마나 차갑고 무서운 곳인지 알아? 이 세상은 전혀 너를 생각해주지 않아. 너를 속여 이용하려는 사람들이 득실거리고, 너의 실패를 간절히 원해. 그리고 그 실패를 갉아먹고 자신의 성공을 이루려고 해. 그게 세상이야."

제 부모님은 여전히 저를 걱정합니다. 뉴스에서 연쇄살인범 이야기가 나오면, 위험하니 밤늦게 돌아다니지 말라고 합니다. 뉴스에서 누군가 사기를 당해 울면서 인터뷰하는 장면이 나오면, 항상 똑똑하게 처신하고 많은 분야를 두루두루 알아두라고 하지요. 뉴스에서 학교폭력이나 왕따를 당한 아이의 이야기가 나오면, 인간관계를 충실히 하고 친구와 문제가 생기면 혼자 앓지 말고 바로 이야기하라고 하시더군요. 뉴스에서 부조리한 정치인들의 이야기가 나오면,

저 사람들은 돈 장난을 하는 건지 정치를 하는 건지 우리나라가 제대로 돌아가는지 모르겠다고 합니다.

얼마 전 비 오는 날이었습니다. 네다섯 살쯤 되어 보이는 여자 아이와 부모가 비를 피해 카페에 들어오더군요. 부모와 어린 딸이 이야기하는 모습이 보기 좋아서 조금은 시끄러웠지만 가만히 있었습니다. 그런데 막상 부모와 아이가 나누는 대화내용이 저에게는 매우 충격적이었습니다.

"아빠, 사드가 뭐야?"

세상에, 부모에게 하는 네다섯 살짜리 아이의 질문이 '사드가 뭐야?'라니요. 순간 저는 얼어붙고 말았습니다. '안녕하세요', '고맙습니다', '사랑합니다'를 배우고 난 다음 고작 배운 단어가 '사드'라니 소름이 돋았습니다. 저를 더욱 놀라게 한 것은 아이 아빠의 반응이었습니다.

"어이구~ 우리 딸 똑똑한 거 봐, 여보. 허허, 어디서 그런 단어를 또 배워 왔대? 아빠가 설명해줄게."

어디서 들었겠습니까? TV에 만날 사드 배치에 대한 뉴스가 나오니까 아이가 궁금했던 것이지요. 아빠가 딸에게 자서히 설명해주더군요. 부모가 딸에게 사드에 대해 설명해준 점, 잘못된 것 아닙니다. 딸이 부모에게 사드에 대해 물어본 점, 잘못된 것 아니지요. 그런데 도대체 왜 네다섯 살 아이의 머릿속에 사드가 들어갔느냐, 이건 문제가 있는 것이지요.

행복할 권리를 찾는 첫걸음

우리는 너무 보이는 것만 믿고 들리는 대로만 믿습니다. 뉴스에서는 매일 세상이 얼마나 차갑고 무서운 곳인지를 너무나 자세하게 알려주고 있고, 우리는 그런 세상을 보이고 들리는 대로 받아들입니다. 장차 우리나라의 미래를 책임져야 할 10,20대들에게 세상은 너무나 차갑고 두려운 공간일 뿐입니다. 모든 것이 새빨간 거짓말이고 믿을 사람이 없습니다.

명예로운 일들은 인정받지 못하고 신뢰는 배신당하며 은혜는 쉽게 잊히는 세상입니다. 선행은 바보들이나 하는 행동이며, 자신의 이익에만 눈이 번뜩이는 세상이 되었습니다. 우리는 가만히 있어도 뒤통수를 맞을 걱정을 하며 스스로를 지켜나가야 하는 세상에 살고 있습니다. 부모에게 사드가 무엇이냐고 물었던 그 여자 아이는 이미 이 사회의 모순과 부조리를 귀로 듣고 배우고 있었던 것입니다.

제가 여러분에게 질문을 하나 하겠습니다.

'최근에 따뜻한 기사를 본 적이 있나요?'

이 각박한 세상에서, 서로를 속이고 자신의 이익만을 챙기려는 이 사회에서 아직도 따뜻한 마음으로 선행하는 사람들에 대한 따뜻한 기사를 본 적이 있나요? 아니 꼭 기사가 아니라도 이 세상이 얼마나 따뜻한 곳인지 느껴본 경험이 있나요?

아마 거의 없을 것입니다. 아무리 찾아봐도 따뜻한 기사나 경험을 쉽게 접할 수 없습니다. 이런 세상이 저는 너무 냉정하게 느껴졌습니다. 정이라고는 눈곱만큼도 없는 사람들과 함께 살고 있다는 생각이 저를 우울하게 만들었지요.

저는 지금의 10,20대들이 세상 뒤에 감춰진, 따뜻한 내면을 가진 사람들의 이야기를 보고, 배우고, 느끼고, 다른 사람들에게 전해야 한다고 생각했습니다. 그래서 따뜻한 기사를 찾기 시작했습니다. 이 차가운 세상을 따뜻하게 바꾸려는 사람들을 찾기 위해서였지요. 기사를 통해서라도 그런 사람들을 만나고 그들의 이야기를 들어보고 싶었습니다.

셰익스피어의 말입니다. 그의 말처럼 어두운 곳에서 빛나는 작은 촛불은 멀리서도 볼 수 있습니다. 우리 10,20대가 먼저 그 작은 촛불이 되어야 합니다. 아무도 알아주지 않더라도 말이지요. 한 사람 한 사람이 모여 촛불을 횃불로 만들고, 더 많은 사람이 모여 마을 전체를, 도시 전체를, 나아가 세상 전체를 따뜻하게 만들어야 합니다. 여러분은 모두 따뜻한 내면을 가지고 있습니다. 아무리 세상이 냉정하고 차갑더라도 우리까지 거기에 맞춰나가면 안 됩니다. 적어도 나만큼은 적어도 오늘만이라도 따뜻함을 마음에 품는 것, 그것이 스스로 행복할 권리를 찾는 첫 발자국입니다.

'나만 아니면 돼'라는 생각을 버려라

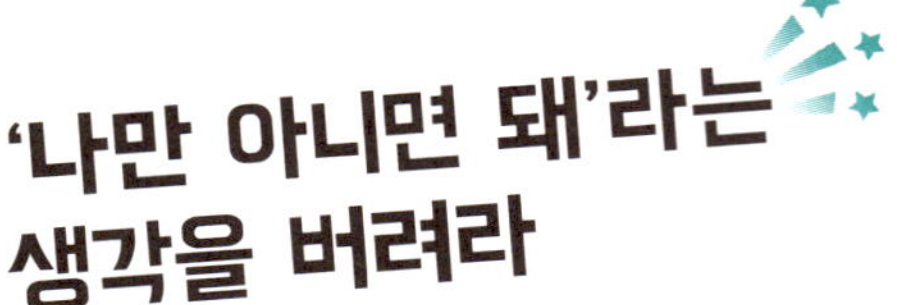

우리가 세상에서 따뜻한 일이나 경험들을 생각보다 접하기 힘든 이유가 무엇일까요? 다들 마음속으로는 따뜻한 세상을 외치지만 막상 사회에 나가서 차가운 세상과 맞닥뜨리면 그냥 거기에 맞춰 살아가기 때문입니다. 상대방이 이기적이면 나 또한 이기적이라도 별 문제 없다고 생각하는 식이지요. 또한 '남의 불행이 나의 행복'이라는 인식에서 나온 '나만 아니면 그만이지'라는 생각이 우리 머릿속에 깊이 박혀 버렸습니다.

이기심과 침묵이 낳은 결과

따뜻한 세상을 망치는 가장 큰 원인은 '이기심'입니다. 이기심은 욕심을 불러일으키고, 그로 인한 불행한 결과가 바로 '나만 아니면 된다'는 생각입니다. 나만큼은 조금 덜 공부하고도 좋은 대학에 붙기를 바라고, 지인을 통해 좋은 회사에 편하게 입사하기를 바라며, 조금만 일하고 큰 돈을 받기를 원하며, 내 잘못은 주변에서 눈감아주기를 바랍니다.

반대로 생각해보면 내 이기심이 낳은 결과는 반드시 누군가의 불행으로 찾아옵니다. 내가 회사에 낙하산으로 입사하면 피땀 흘려 열심히 취업을 준비한 누군가는 떨어집니다. 내가 부정입학을 하면 열심히 공부한 누군가는 떨어집니다. 모두가 이기적인 마음에 이런 양면성을 인식하지 못하고 늘 그런 부조리에 동참하고 싶어 합니다. 그로 인해 피해보는 사람이 '나만 아니면' 되니까요. 그리고 그런 피해를 당한 사람들조차 부러운 마음에 자신에게도 그런 행운이 오기를 바라며 '침묵'합니다.

얼마 전 한 10대 학생이 친구들과 길거리를 걷다가 쓰레기를 툭 버리고는 이렇게 말하더군요.

"누군가 줍겠지, 뭐. 청소부가 그러라고 있는 거 아니야?"

이게 현실입니다. 내가 지금 쓰레기를 들고 있기 싫으니 환경미화원이 주우라는 것이지요. 그 학생의 친구들 역시 '내가 주울 것도 아닌데, 뭐'라는 생각이었는지 대수롭지 않게 반응하더군요.

우리는 '침묵'에 너무 익숙해져 있습니다. 침묵으로써 이기적인 세상에 동조하고 있습니다. 언젠가 한 방송 프로그램에서 본 세월호 희생자 부모의 인터뷰 장면이 아직도 제 머릿속에 깊게 남아 있습니다.

침묵의 심각성을 단번에 느낄 수 있는 말입니다. 삼풍백화점 희생자가 '내'가 아니라고 '남'일까요? 세월호 안에 내 자식, 내 친구가 없었다고 남 일일까요? 세상 일이 다 남 일이라는 생각은 버려야 합니다. 세상 모든 일은 언젠가 나 자신, 내 친구, 내 가족에게 일어날 수 있습니다. 바로 여러분이 누군가의 부정입학이나 낙하산 입사로 비운을 겪는 사람이 될 수 있습니다. 그래서 우리는 침묵하면 안 됩니다. 길거리에 쓰레기를 버리는 행위도, 함부로 침을 뱉는 행위도 우리는 다 침묵하고 넘어갑니다. 이런 작은 침묵들이 결국 따뜻한 세상을 망치고 있었던 것입니다.

언젠가는 전공과목 교수님이 독일의 자동차 공장에 견학을 다녀온 후 믿기 힘든 이야기를 해주었습니다. 교수님은 한국에서 일한 경험이 있는, 그 공장의 외국인 노동자들이 한국 사람들을 살가운 눈으로 보지 않았다고 했습니다. 그들이 어디에서 왔냐고 묻기에 "I'm from Korea!"라고 대답하자 이런 충격적인 대답이 돌아왔다고 하더군요.

한국의 공장에서 일하다 팔이 잘리는 사고 등을 당했을 때 어떤 보상이나 사후처리도 받지 못한 외국인 노동자들이 넘쳐 났던 것이지요.

이게 남 일인가요? 누군가가 그 외국인 노동자에게 저지른 만행에 대한 원망이 결국 아무 관계도 없는 그 교수님에게 돌아온 것입니다. 만일 사고 당시에 잘 처리했다면, 누군가 침묵하지 않고 어떤 조치를 취해주었다면 이런 일은 일어나지 않았겠지요. 이것이 삼성의 백혈병 사건이나 한진해운 사태 등에 우리가 침묵해서는 안 되는 이유입니다.

우리 주변에도 이런 침묵으로 인한 피해가 수시로 일어납니다. 한 번은 제 친구가 저에게 이런 말을 하더군요.

"우리 대학에도 나이만 찼지 인성이 최악인 애들이 많더라."

"왜?"

"지난번에 시험 끝나고 강의실에서 나오면서 보니까 컨닝하는 애들이 굉장히 많더라고. 그런데 결과적으로 나는 B+를 받았는데 컨닝한 애들은 A를 받았다는 소리를 들으니까 너무 화가 나더라."

"왜 그때 바로 교수님께 말씀드리지 않았어?"

"컨닝한 애들보다 내 성적이 낮게 나올지는 상상도 못했지. 그래서 그냥 넘겼는데, 지금 와서 교수님께 얘기해도 당사자들은 아니라고 잡아떼겠지?"

맞습니다. 그때 제 친구의 침묵이 B+라는 성적으로 돌아온 것입니다. 이런 일을 겪은 제 친구가 생각하는 대학생활은 얼마나 차갑겠습니까?

'왜 내가'가 아닌, '그래도 나만은'

여러분이 함부로 버린 쓰레기도 결국 누군가 줍습니다. 아무도 책임지지 않으려는 사건도 누군가 용기 내서 책임지려 합니다. 그래서 저는 그런 사람들에게 관심을 주기로 했습니다. 우리는 그런 따뜻한 사람들에게 관심을 주고, 혼자서라도 따뜻한 세상을 만들려고 하는 그들을 인정해주고 본받아야 합니다.

이것이 바로 우리 10,20대가 할 수 있는 일들입니다. 누군가 잘못된 일을 했을 때 "너 그건 잘못된 거야", "네가 한 행동으로 피해 보는 사람이 분명 나타날 거야"라는 말을 해주고, 우리 스스로 '적어도 나는 그러지 않겠다'라고 생각해야 합니다. 물론 나 하나 나선다고 아무것도 바뀌지 않을 수 있겠지요. 하지만 지금처럼 침묵한다면 세상은 더 단단하고 견고한 체계를 만들 것이고, 그런 세상에서는 어떤 따뜻함이나 행복도 찾을 수 없을 것입니다.

따뜻한 세상을 만드는 데 있어서 우리가 할 수 있는 일들은 너무나 작고 미미합니다. 하지만 그렇더라도 1명이 실천하고, 10명이, 100명이 실천한다면 그땐 결코 작고 미미한 일이 아닐 것입니다. 잘못된 일에는 입을 여세요. 쓰레기가 생기면 꼭 하나는 주머니에

넣어 가세요. 담배를 피우면 꽁초 하나는 꼭 들고 다니세요. 그리고 그 버려질 뻔한 쓰레기와 꽁초를 보면서 '적어도 나만큼은 실천하 자'는 다짐을 되새기는 것입니다. 쓰레기를 쓰레기통에 버리는 일 도 훌륭하지만, 내가 쓰레기나 꽁초를 아무데나 버리지 않고 들고 다니는 행동을 보고 다른 사람들이 같은 마음을 갖게 하는 것은 더 훌륭한 일입니다.

여러분, 작고 사소한 일일수록 침묵하면 안 됩니다. 입을 열어서 잘못된 일들을 바로 잡아나가야만 세상을 따뜻하게 만들어나갈 수 있습니다.

그저 결심하라

‘행복하자고 결심하기.’

많은 사람들에게 이야기하면서도 저 스스로 가장 흔들렸던 주제입니다. 사람들에게 이 주제를 꺼냈을 때 이런 말들을 수없이 많이 들어왔기 때문이지요.

“억지 부리지 말아라.”

“그런 말이 어디 있냐. 그게 결심한다고 되는 일이냐.”

“그건 불가능해.”

가장 어려운 주제인 만큼 저는 이 책에서 이 주제를 가장 먼저 꺼내기로 했습니다. 이런 결심을 하는 순간 제가 앞으로 할 모든 이야기들이 쉬워지기 때문이지요.

불가능을 거부할 자유

시간을 거꾸로 돌릴 수 있다면 여러분은 가장 먼저 언제로 돌아가고 싶나요? 학창시절로 돌아가고 싶다는 사람도 있을 테고, 큰 실수를 저지르기 전으로 돌아가고 싶은 사람도 있을 것입니다.

물론 안타깝게도 현재의 기술로는 시간을 과거로 돌릴 수가 없습니다. 하지만 지금까지 인류가 이룬 업적을 떠올려 보세요. 어쩌면 먼 미래에는 그런 기술이 실현될지도 모릅니다. 여러분이 조선시대에 태어났는데, 미래에서 온 누군가가 여러분에게 이런 말을 한다면 과연 믿을 수 있을까요?

"500년 후에는 휴대전화라는 물건이 생겨서 멀리 있는 가족과도 대화를 할 수 있어. 힘들게 수십 리를 말을 타고 달려가지 않아도 얼굴을 보며 대화할 수 있지. 새처럼 날고 싶었던 우리는 비행기라는 걸 만들어서 하늘 위를 날아다니기도 해. 복제기술도 생겨서 동물이나 사람을 복제할 수도 있어."

하지만 실제로 모두 이루어졌지요. '불가능'한 일이 아니었습니다. 제가 이렇게 길게 '불가능'에 대해 설명하는 이유는 '불가능'이라는 단어 자체에서 나오는 공포가 우리의 결심을 흐리게 하기 때문입니다. 여러분도 제가 이 책에서 해나갈 모든 이야기들이 불가능하다고 생각할 수 있습니다.

'우리가 과거로 돌아갈 수만 있다면 '불가능'이라는 단어를 배우기 전으

제가 행복을 찾아가면서, 삶을 살아가면서 느낀 가장 큰 경험이자 교훈입니다. 일단 '불가능'이라는 단어는 잊어야 합니다. 특별한 삶이 아니어도, 특별한 경험이 없어도, 반복적인 일상을 살아가도, 아무것도 아닌 오늘 하루라 할지라도 우리는 행복하고 싶잖아요. 저는 그 사실을 알기에, 제가 직접 경험했기에, 지쳐있는 주위 친구들을 보면 안타까웠습니다. 삶이 무기력하고 '행복'이라는 단어를 입에 담아 본 적이 없는 친구들을 위해 도움을 주며 느꼈습니다.

불행은 과거형, 행복은 현재형

10대든 20대든 지금의 삶에 만족해 하는 사람은 찾기 힘듭니다. 모두 힘들고 지쳐 있지요. 그래도 조금 더 낫게, 조금 더 좋은 쪽으로 생각하며 살아가는 거예요. 그러려면 구체적으로 어떤 결심을 해야 할까요?

저와 오랜만에 만나는 친구들은 그간 있었던 설움이나 고민을 모두 저에게 털어놓습니다. 누군가 자신을 섭섭하게 만든 일부터, 반대로 자신이 누구를 상처 입힌 이야기, 이성문제로 인한 스트레스 등을 털어놓으면 저는 항상 들어주는 입장에 있습니다. 다 듣고 나면 저는 매번 같은 질문을 하지요.

"지금 나한테 네가 화났던 이야기, 힘들었던 이야기를 해줬는데, 그래서 지금 기분은 어때? 솔직하게 말해봐."

"마치 지금 그런 일을 당한 거 같아. 그때의 기분이 떠오르면서…."

과거의 시련들은 어쩔 수가 없습니다. 떠올릴수록 그때의 감정이 다시 살아나 고통스러울 뿐이지요. 보통 10,20대들은 '시련을 어떻게 이겨내고 행복해질 수 있을까?'라고 고민하지 않습니다. 그저 누군가에게 털어놓고 위로받고 다시 상처받고를 반복할 뿐이지요.

지나간 불행은 바꿀 수 없지만 '오늘의 행복'은 여러분의 '결심'에 달려 있습니다. 기시미 이치로의 《미움 받을 용기 2》라는 책은 철학자와 그에게 상담을 받으러 온 청년 간의 대화로 구성되어 있습니다. 철학자는 청년이 말하는 주제가 2가지 큰 틀로 되어 있다고 설명합니다. 바로 '나쁜 그 사람'과 '불행한 나'입니다. 상담내용의 대부분이 '한 사람이 나빴다' 아니면 '나는 왜 이렇게 불행한가'였다는 것이지요.

그러면서 철학자는 청년이 한 가지 놓치고 있는 주제가 있다며, 상담할 때 사용하는 '삼각주(三角柱)'에 대해 이야기합니다. 그 삼각주에는 청년이 이야기한 2가지 주제 이외에 하나가 더 포함되어 있다는 것입니다. 바로 '앞으로 어떻게 해야 할까'였지요. 저와 같은 생각을 하고 있는 사람을 책에서 만나 반가웠습니다.

지금 우리의 상황은 모두 다릅니다. 하지만 여러분 각자가 어떤 상황에 놓여 있든 '앞으로 어떻게 해야 행복할까'라는 생각이 필요합니다. 과거에 어떤 사건이 여러분을 힘들게 했는지는 중요하지 않습니다. 앞으로 행복하기로 결심했다면 '내가 행복을 찾기 위해 무엇을 해야 하는가'를 찾아야 합니다. 백날 과거의 힘들었던 기억들을 끄집어내고 회상해보아야 돌아오는 것은 그때와 똑같은 감정과 한숨뿐입니다. 단지 '결심'하는 것만으로도 행복의 문고리를 여는 여정이 시작됩니다. 그리고 이제부터 '불가능'이라는 단어는 머릿속에서 지우겠다는 결심도 잊지 말아야 합니다.

2장!

모든 일상에서
행복 찾기

모든 것이 나의 선택에 달려 있다

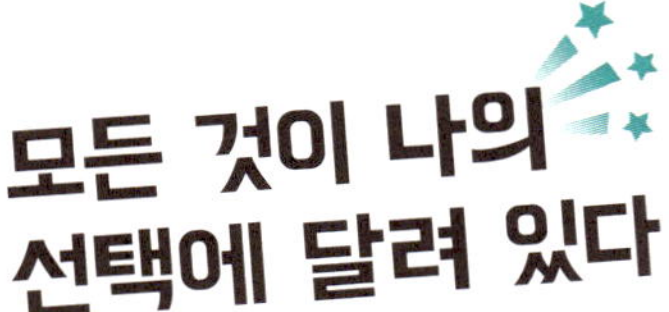

행복에 관한 책을 쓴 저명한 작가들이 많습니다. 10,20대들이 겪어보지 못한 다양한 삶의 경험과 공부한 지식들이 많은 사람에게 행복을 전하는 책을 쓸 수 있게 해주는 원동력이 되었겠지요. 저도 그런 훌륭한 책들을 보며 깨달음을 많이 얻기도 합니다. 하지만 때로는 그런 책들이 경험과 독서가 부족한 10,20대들에게는 다른 세상 이야기처럼 다가오기도 합니다.

그런데 그런 경험과 배움, 독서 등이 행복을 알게 해준다면 저는 행복하기를 포기했을지도 모릅니다. 우리는 누구나 행복하고 싶습니다. 훌륭한 작가들처럼 멋진 경험을 하거나 많은 독서를 하거나 뛰어난 업적은 없지만 그래도 우리는 행복하고 싶습니다.

때로는 같고, 아주 많이 다른 행복의 기준

한번은 제가 자기계발서를 추천해준 친구가 그 책을 다 읽지도 않고 이런 말을 하더군요.

"정말 좋은 말이 많은데, 우리가 그 작가처럼 경험하거나 느껴보지는 못했잖아. 그래서 크게 와 닿지 않는 것 같아."

한편으론 공감이 되었습니다. 법륜스님의 《행복》이나 혜민스님의 《멈추면 비로소 보이는 것들》을 읽으면, 충분히 좋은 책임에도 불구하고 약간의 편견을 가질 수 있습니다.

'스님이니까 가능한 거 아니야?'

이런 생각이 드는 것이 어쩌면 10,20대들에게는 당연할 수 있다는 것이지요.

그래서 저는 평범한 10,20대들에게 그들의 일상에 어떤 행복들이 감춰져 있는지를 설명해주고 싶었습니다. 그리고 그 행복을 어떻게 찾아야 하는지, 어떻게 받아들여야 하는지에 대해 이야기하고 싶었습니다. 우리는 각자 다른 환경과 기준으로 살아가고 있으면서도, 잘 생각해보면 꽤나 비슷한 마인드를 가지고 있습니다. 특히 10,20대들은 대부분 주변 친구들과 비슷한 것들을 보고 들으며, 비슷한 공부를 하기 때문에 더욱 그렇지요. 따라서 우리는 서로 같으면서도 한편으로는 다르게 주어진 일상에서 최선을 다해 행복을 찾아야 합니다.

견음미각, 같은 것들이 다르게 느껴지는 이유

‘견음미각(見音味覺)’은 제가 가장 중요하게 생각하는 단어입니다. 한자 그대로 보고(見), 듣고(音), 맛보고(味), 깨닫는다(覺)는 뜻으로, 우리가 같은 것을 보아도 다르게 느끼고, 같은 소리를 듣고 같은 음식을 먹어도 다르게 느끼고 표현한다는 의미를 담고 있습니다. 행복은 바로 이 ‘다르게 느낄 줄 아는 힘’에서 시작됩니다.

얼마 전 저와 함께 길을 걷던 친구가 이런 말을 했습니다.

“오늘 날씨 진짜 좋다! 구름을 봐! 솜사탕 같아서 먹어보고 싶어.”

어린아이도 아니고 누가 구름을 솜사탕으로 보겠습니까? 하지만 이런 자세야말로 행복을 찾아가는 ‘견(見)’의 기본이 됩니다. 같은 구름을 보아도 저에게는 그저 ‘구름’일 뿐이지만, 제 친구에게는 ‘솜사탕’이었던 것이지요. ‘구름 아래를 걷는 느낌’과 ‘솜사탕 아래를 걷는 느낌’은 얼마나 다를까요? 걷는 마음가짐도 속도도 달라집니다. 그저 ‘구름’을 보는 ‘견(見)’의 차이일 뿐인데 걷는 기분이 달라집니다. 우리는 이렇게 모든 일상에서 행복을 찾아야 합니다.

제가 친구와 뉴욕에 여행을 갔을 때 일입니다. 여행 여정 중에 센트럴파크에 들렀는데, 저는 개인적으로 집 앞 공원과 별 다를 것이 없어서 기대한 만큼의 새로움은 느끼지 못했습니다. 그런데 정작 저를 놀라게 한 것은 다른 데 있었습니다. 바로 자연을 대하는 현지인들의 태도였습니다. 쓰레기 하나 없이 깨끗하게 관리된 공원, 속옷만 입고 풀 위에 누워있는 사람들, 공원의 새들과 어우러져 음악을 연주하는 사람들. 한국의 공원에서는 흔히 볼 수 없는 풍경이었지요. 이런 풍경은 공원에 대한 저의 '견(見)'을 바꿔놓았습니다.

'아! 이게 진짜 공원이구나. 이렇게 아름답고 행복한 공간이구나.'

한번은 저와 견(見)에 대해 이야기를 나누던 친구가 프랑스 소설가 베르나르 베르베르가 한 이야기를 들려주었습니다.

'갓 태어난 아기는 처음 몇 초 동안 전생의 마지막 단계에 있던 노인의 모습을 보인다. 그리고 전생에 관한 약간의 단편적인 기억을 아직 간직하고 있다. 그러다가 수호천사가 코와 윗입술 사이에 손가락을 대면 오목하게 골이 생기면서 모든 것을 잊게 된다. 인중이란 말하자면 천사가 남긴 망각의 증표인 것이다.'

그때까지 저는 인중을 자세히 바라보거나 관심을 준 적이 없었습니다. 그런데 친구의 이야기를 듣고부터는 아침마다 인중을 보게 되더군요. 제 얼굴을 더욱 자세히 들여다보게 된 것이지요. 얼굴에 있는 이렇게 예쁜 부분을 쳐다보지 않고 살았다는 것이 참 속이 쓰렸습니다. 베르베르의 견(見)을 빌리지 않았다면 전 죽을 때까지 인중에 관심을 갖지 않았겠지요.

'음(音)', 즉 '소리'에 대한 경험도 하나 소개하겠습니다. 어릴 적에 부모님을 따라 난타 공연을 보러간 적이 있었습니다. 저에게는 지금껏 딱 한 번 관람한 난타 공연이라 아직도 잊지 않고 있습니다. 그로부터 많은 세월이 흐른 뒤, 어느 비 오는 날이었습니다. 사실 저는 비 오는 날을 굉장히 싫어해서 장마철에는 웬만하면 집밖에도 나가지 않습니다. 그런데 그날따라 유독 빗소리에 귀가 기울여졌습니다.

굵은 빗방울이 땅을 세게 때린다고 생각하다 보면, 어떻게 제 생각을 알았는지 이내 빗줄기가 약해져서 '이제는 땅을 살살 때리는구나' 하는 생각이 들게 하더군요. 저는 빗소리, 즉 '음(音)'에 좀 더 집중해보았습니다. 그러자 약간의 리듬감이 느껴지면서 어린 시절에 본 난타 공연이 떠오르더군요. 평소 같으면 아무 생각 없이 지나쳤을 빗소리가 그날따라 저에게 새로운 음으로 다가오고, 어린 시절 추억까지 불러왔던 셈이지요.

맛, 즉 '미(味)'에 대한 사례도 하나 소개하겠습니다. 스무 살이 되고 나서 처음으로 중학교 때 담임선생님을 만났을 때 일입니다. 점심시간에 맞춰 선생님을 만나서 교내 식당에서 함께 식사를 하게 되었지요. 그날 배식에 작은 포도송이가 나왔는데 저는 평소 습관대로 포도알만 대충 빼먹고 껍질을 버렸습니다. 그러자 선생님이 이런 말을 했습니다.

"단물만 빨아 먹지 말고, 쪽 빨아서 껍질의 맛도 느껴봐."

사실 어머니도 자주 그런 말을 했었는데, 저는 매번 그냥 대충 알만 뽑아먹고 껍질을 버렸었지요. 그런데 그날은 선생님 말대로 있는 힘껏 포도껍질을 쪽 빨아보았습니다. 분명 다른 맛이 나더군요. 달지만 약간 쏩쓰름한 맛. 선생님은 그게 진짜 포도고, 그게 바로 인생이라면서 이런 말을 덧붙였습니다.

“포도가 섭섭해 한다. 포도도 쓰라리고 아픈 기억이 있어. 우리가 그걸 알아줘야 해.”

포도를 먹을 때는 온전히 포도에만 전념하라는 의미였지요.

깨달음은 우리 스스로의 선택

저는 위의 사례들처럼 ‘견음미(見音味)’를 통해서 ‘깨달음(覺)’을 얻을 때마다 생각하고 느낄 수 있는 인간으로 태어났다는 사실에 감사함을 느낍니다. ‘견음미(見音味)’에서 느끼는 행복은 때로는 누군가를 통해서, 때로는 직접 경험하기도 합니다. 제가 친구나 선생님을 통해 견과 미에 대한 새로운 경험을 하고, 빗소리를 들으며 스스로 음에 대한 새로운 경험을 한 것처럼 말이지요.

하지만 ‘각(覺)’은 온전히 ‘나의 선택’입니다. 지혜로운 사람은 꼭 직접적인 경험뿐만 아니라, 때로는 간접 경험을 통해서도 미래를 대비하고 행복을 찾아냅니다. 어떤 식으로든 만물을 다르게 견음미(見音味)했다면 그에 따른 깨달음, 즉 각(覺)은 우리 스스로 내면에서 선택하는 것입니다.

그저 천천히 지켜보고 느껴보면 됩니다. 매일 같은 버스를 타더라도 우리는 그날그날 다른 자리에 앉아서 매번 다른 풍경과 다른 사람들을 봅니다. 그런 모습들을 그저 천천히 지켜보고 느껴보는 것이지요. 삶을 살아간다는 것 자체에 흥미를 가져야 합니다. 지금 마주한 모퉁이를 돌면 그 다음 모퉁이에 무엇이 있을지는 돌아보아야 알 수 있습니다. 일상의 모든 것들을 무심코 흘려보내지 말고 견음미각(見音味覺)적인 시선으로 마주하십시오. 일상, 우리는 그 안에서 반드시 행복을 찾을 수 있습니다.

길을 걸으면 최대한 돌아가세요.
어떤 소리든 주의 깊게 들어보세요.
어떤 맛이든 여러 번 느껴보세요.
인생은 'ㄹ' 자처럼 많이 돌아가는 거예요.
행복은 '이상'이 아니라 '일상'입니다.

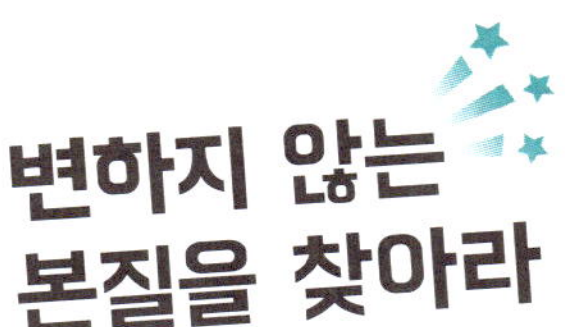

변하지 않는 본질을 찾아라

'지금껏 여러분이 살아온 일상은 어땠나요?'

'성장하면서 바라본 여러분 주변의 배경은 어떤 느낌이었나요?'

10,20대들에게 이런 질문을 던지면 아마 좀처럼 '아름답다'라는 단어가 들어간 대답은 나오지 않을 것입니다. 따라서 10,20대들이 일상에서 행복을 찾으려면 지금까지와는 분명 다른 시각이 필요합니다.

만물을 깊게 들여다보는 시각

앞서 이야기한 견음미각(見音味覺)적인 시선이 만물을 얕고 넓게 보는 일차적인 감각이라면, 본질적 감각은 만물을 조금 더 깊게 들여다보는 시선을 말합니다. 우리가 행복을 인지하기 위해서는 이 '본질'에 대해 자세히 알아야 합니다. 우리의 목적은 '행복을 인지' 하는 데 있으니까요. 여기서 '인지'란 '어떤 사실을 인정하고 아는 것'을 말합니다.

본질은 이미 존재하고 있습니다. 다만 우리가 그것을 완벽하게 받아들이고 있지 않을 뿐이지요. 우리는 그저 좋으면 더 좋은 것을 찾고, 맛있으면 더 맛있는 무언가를 찾으려 합니다. 빠르게 변하는 세상에서 우리는 점점 더 단순해지고, 더 색다르거나 자극적인 미디어나 사물을 기대하지요. 그럴수록 세상은 점점 본질을 잃어가고, 그만큼 우리가 본질을 느낄 기회들은 사라지고 있습니다.

본질에 대한 여러분의 생각은 어떤가요? 10,20대들에게 '사랑의 본질'에 대해 묻는다면, 여자들은 '낭만'에 대한, 남자들은 '섹스'에 대한 이야기를 먼저 떠올릴지 모릅니다. '행복의 본질'에 대해서는 언젠가부터 그 척도로서 돈이나 권력을 먼저 연상하게 되었습니다. 많은 돈을 벌고 높은 지위에 오르는 것이 행복이라고 생각하는 것이지요.

10,20대들은 미디어나 언론에서 시대에 맞춰 변해가는 도덕과 정의를 말해주면 그것을 있는 그대로 받아들입니다. 그 안에는 진정한 사랑도, 도덕도, 정의도, 행복도 없는데 말이지요. 저는 가수 윤도현 씨의 〈사랑했나봐〉를 들으면서 자연스럽게 본질의 의미를 느낄 수 있었습니다. 그 가사 일부를 옮겨보면 이렇습니다.

어릴 적 구식 아이리버 MP3 플레이어에 담아 듣던 이 노래는 여전히 제 휴대전화 '자주 듣는 노래 리스트' 속에 자리 잡고 있습니다. 저는 이 노랫말만큼 사랑의 본질을 잘 표현한 글귀가 있나 하고 생각합니다. 사랑하면 잊을 수 없고 계속 생각납니다. 때로는 후회도 하며 혼자 그녀의 뒷모습을 보고 가슴 설레기도 합니다. 아무런 꾸밈도 비유도 없는, 그저 평범한 사랑 노래이지만 저는 이런 것이 진짜 '본질'이라고 생각합니다.

어느 순간부터 많은 여성들이 '나쁜 남자'와 사랑에 빠지고 싶다는 생각을 하게 되었고, 사랑인지 사랑처럼 꾸민 것인지 구분하기 힘든 노랫말이나 문구에 감동을 받습니다. 또 남자들 사이에서는 빠르게 타오르고 빠르게 식는 엔조이식 휘발성 사랑을 즐기는 경향이 생기고 있습니다. 어쩌면 이런 시대에 10,20대에게 '사랑의 본질'을 묻는 것 자체가 선비적인 행동일지도 모르지요.

수식어를 걷어내야 보이는 본질

본질을 알려면 원점으로 돌아가야 합니다. 우리는 '진정한' 의미의 사랑을 알고 있습니다. 사랑에 대해 아무리 멋지게 꾸며 놓은 문구라고 해도 '진정성'이 없으면 마음을 움직일 수 없습니다. 진정한 '사랑의 본질'은 모든 수식어를 걷어내고 본질적인 단어들만 남겼을 때 느낄 수 있습니다. 〈사랑했나봐〉의 가사처럼 말이지요.

본질에 대한 다른 사례를 하나 소개하겠습니다. 얼마 전 제가 탄 버스에 굉장히 나이가 많은 어르신이 탔습니다. 그 어르신은 버스를 타본 경험이 거의 없어 보였습니다. 기사분도 그런 눈치를 챘는지 카드를 단말기에 찍으라고 친절하게 알려주었지요. 그런데 내릴 때도 찍어야 한다는 말은 미처 못했습니다. 어르신은 목적지에 도착하자 카드를 찍지 않고 그냥 내리려 했습니다. 그러자 기사분이 크게 소리쳤습니다.

"어르신! 내리실 때도 카드를 찍으셔야 되요!"

하지만 어르신은 귀가 안 좋으신지 그 말을 못 알아듣고 그냥 내렸습니다. 저는 충분히 있을 수 있는 상황이라고 생각하며 다시 버스가 출발하기를 기다렸는데, 그 다음 상황을 보고 깜짝 놀랐습니다. 한 아주머니가 급하게 어르신 뒤를 따라 내리더니 상황을 차근차근 설명하고는 카드를 대신 찍어준 것입니다. 이 때문에 버스가 3분 정도 멈춰 서 있었지만 불평하거나 얼굴을 찌푸리는 사람은 없었습니다. 분명 급한 일이 있는 사람도 있었을 텐데 말이지요. 저는 그때 '따뜻함'의 '본질'이 그 버스 안에 있는 모든 사람의 마음을 움직였다고 생각했습니다. 정말 소소한 일상 중 하나였지만 따뜻함이 마음에서 울리는 정도는 말로 표현할 수 없었습니다.

이와는 반대로 요즘 각종 미디어에서는 막장 드라마를 연상케 하는 뉴스들을 쉽게 볼 수 있습니다. 이런 뉴스들은 '덜 나쁜 놈'을 '좋은 놈'으로 만들며 정의와 도덕에 대한 본질의 틀을 즈금씩 바꿔놓고 있습니다. 아무리 시대가 변한다 한들 정의와 도덕의 본질이 변하지는 않을 텐데 말이지요.

본질을 받아들이는 우리의 태도

본질에 대해 좀 더 이야기해볼까요? 왜 우리는 정의나 도덕을 판단하는 과정에서 때로는 따뜻함을 느끼고, 미소를 짓게 될까요? 우리의 마음이 결국 '사람'을 향하기 때문입니다. 길을 가다가 발을 잘못 디뎌 넘어진 사람을 보면 내심 다치지 않았나 하고 걱정하게 되잖아요. 내가 모르는 사람이라도 계단에 쪼그려 앉아 울고 있는 모습을 보면 이야기를 들어주고 위로해주고 싶은 생각이 들잖아요. 때로는 사랑하는 사람이 아무 말을 하지 않아도, 눈빛만 보고 눈물이 울컥할 때가 있잖아요.

하지만 우리는 그저 그런 생각만 하고 지나칩니다. 그게 본질인데 그냥 지나치고 말지요. 우리는 진정한 도덕이나 정의의 기준, 사랑을 비롯한 수많은 감정, 이런 것들의 본질을 모두 다음속으로 느끼고 있습니다. 우리를 미소 짓게 하고, 따뜻함을 느끼게 하고, 사랑하게 만들며, 최종적으로 행복하게 해주는 그 '무언가'를 다들 마음 한 편에 묻어두고 있습니다. 때로는 부끄럽다는 생각에 본질이 전해주는 '행복'을 솔직하게 받아들이지 못하고 마음 속 깊이 억누르고 있기도 합니다.

앞서 이야기한 견음미(見音味)를 통한 각(覺)과 마찬가지로 본질을 받아들이는 태도 역시 여러분의 '선택'입니다. 누구도 감히 여러분에게 본질을 받아들이라고 강요할 수 없으며, 억지로 강요한다고 될 일도 아닙니다. 다만 저는 여러분이 적어도 '나라도 받아들이고 실천하자'는 마음을 갖기를 바랍니다. 분명 여러분의 삶의 질이 변할 테니까요.

그리고 그 '변화'를 많은 사람들과 공유해야 합니다. 여러분이 본질이 전해주는 행복을 인지하는 순간 그 주위 사람들도, 그 주위 사람의 주위 사람들도 행복을 인지할 수 있으니까요. 행복은 한 사람의 열 발자국보다 열 사람의 한 발자국으로 나타날 때 비로소 그 빛을 발할 수 있습니다. 물론 그렇다고 세상이 변하지는 않겠지요. 하지만 적어도 내가 보는 세상, 나아가 우리가 보는 세상만큼은 변할 것이라고 확신합니다.

모든 것은 변합니다.
하지만 그 본질은 조금도 변하지 않아요.
그렇다면 모든 것은 변하지 않아요.

하지만 '내'가 변하면 모든 것이 변합니다.

'내'가 변해도 세상은 변하지 않아요.

하지만 적어도 '우리'는 변합니다.

'우리'가 변해도 세상은 변하지 않겠지요.

그래도 우리는 더 '큰 우리'를 바라봅니다.

오늘 내게 다가온 아름다움을 즐겨라

10,20대들은 '예쁘다', '귀엽다'라는 말을 자주 씁니다. 하지만 앞서 이야기했듯이 '아름답다'라는 말은 좀처럼 하지 않지요. 내가 어떤 대상이나 상황을 보고 '아름답다'라는 말을 해본 것이 언제인지조차 생각나지 않을 정도로 우리는 그 단어를 멀리 하고 살았습니다. 어릴 적 배운 'beautiful'이라는 단어가 '아름답다'보다 덜 어색하게 들릴 정도니까요. 이제부터 우리가 그렇게 멀리했던 '아름다움'에 대해 이야기해보려고 합니다.

늘 그리움으로만 존재하는 아름다움의 허상

자연뿐만 아니라 우리 삶에도 아름다운 순간들이 존재합니다. 같은 풍경을 보더라도 계절이나 날씨에 따라 다른 아름다움을 느끼기도 합니다. 꽃들은 움츠렸던 시기를 이겨내고 활짝 피었을 때 최고의 아름다움을 뽐냅니다. 우리 삶에도 최고의 아름다움이 빛나는 시기가 있습니다. 어떤 이에게는 최고의 미모를 얻은 해가 될 수도, 다른 이에게는 원하던 목표를 이루어낸 시기가 될 수도 있겠지요.

그런데 이런 아름다움들이 영원할 수 있을까요? 많은 사람들이 아름다움은 오래 머물지 않기에 아름답다고 이야기합니다. 꽃이 늘 활짝 피어있다면 아름답다고 표현하지 않을 것입니다. 우리의 외모도 가장 아름다운 순간에 늙지 않고 멈춰 있다면 아름답다고 표현하지 않겠지요. 자연도 우리의 외모도 시간이 흐르면 변하고 퇴색하는 현실을 피할 수 없습니다.

아름다움이 오래 머물지 않는다는 말은 사실입니다. 이런 순간적인 아름다움은 순간적인 행복만을 가져다주지요. 제 친구는 자신이 고등학생 시절에 가장 잘생겨 보였다면서 아직도 페이스북이나 카카오톡 프로필에 그때의 사진을 걸어두고 있습니다. 하지만 그렇다고 그 친구의 외모가 그때로 돌아갈 수는 없습니다.

우리는 매일 같은 풍경을 보더라도 벚꽃이 활짝 핀 거리를 회상하고, 고향에 내려가면 지금은 사라진 어릴 적 풍경을 그리워합니다. 어쩌면 우리는 아름다웠던 모습 자체보다 그 모습이 남긴 아쉬움을 '아름답다'라고 표현하고 있는지도 모릅니다. 이렇게 한때 아름다웠던 순간을 떠올리니 지금의 모습이나 풍경이 아름다워 보이기 힘든 것이지요. 지금보다 더 아름다운 모습이 과거나 미래에 혹

은 다른 어딘가에 분명 있다고 생각하면서 자기 자신이나 대상을
바라봅니다.

이런 시각으로는 절대 온전한 아름다움을 볼 수도, 느낄 수도 없
습니다. 우리가 그렇게 갈망하는 아름다움들도 순간적이었으며, 그
때 느낀 행복 역시 순간적이었을 뿐입니다. 지금 우리가 보는 모습
과 풍경 역시 먼 훗날 분명 아름다웠었다고 회상하겠지요.

오늘, 지금, 그래서 아름다운 순간들

'보이는 대상이나 음향, 목소리 따위가 균형과 조화를 이루어 눈과 귀
에 즐거움과 만족을 줄 만하다.'

위의 '아름답다'의 사전적 의미(네이버 사전 참조)를 보면 꽤나 까다
로운 조건이 있습니다. 바로 '균형'과 '조화'입니다. 자연과 인간을
포함해 모든 만물은 결국 균형과 조화를 이루며 살아갑니다. 부족
한 부분은 채우려고 노력하고, 넘치는 부분은 양보하기도 하며 주
변에 나눠주기도 합니다.

'꽃이 피는 시기는 딱 한 번인 것처럼 지는 시기도 딱 한 번입니다.'

제가 통영에 여행 갔을 때 어느 카페에서 본 글귀입니다. 이 글귀
를 읽은 후 지는 꽃을 보는 저의 시선은 완전히 달라졌습니다. 진짜

아름다움이란 이런 것입니다. 지금 내 눈앞에서 시들고 있는 저 꽃의 모습을 지금 이 순간밖에는 못 본다고 생각해보세요. 분명 그것을 바라보는 마음가짐이 달라질 것입니다.

지금 우리 눈앞에 있는 풍경뿐만 아니라 우리의 삶 또한 늘 균형과 조화를 이루고 있습니다. 이 말은 곧 자연과 마찬가지로 우리의 인생 또한 늘 아름답다는 의미가 됩니다. 매일 나가서 보는 집 앞의 나무도 분명 어제와 다른 모습을 하고 있을 것이며, 공원의 풀들도, 강의실 밖 풍경도 마찬가지입니다. 이렇듯 매일 변하는 눈앞의 모든 것들을 아름답다고 보는 것이 진짜 아름다움을 보는 눈이며 진짜 행복을 보는 눈입니다.

삶에 대한 전체적인 아름다움을 이해한다면 살아가는 마음가짐이 달라집니다. '공부의 신'이라고 불리는 강성태 씨는 한 인터뷰에서 자신의 전성기가 언제였냐는 질문에 이렇게 답했습니다.

"저는 늘 지금이 저의 전성기라고 생각합니다. 그래야 항상 노력할 수 있고 최선을 다할 수 있으니까요."

저는 이것이야말로 전체적인 아름다움을 보는 자세라고 생각합니다. 강성태 씨도 분명 때로는 좌절하고 쓰러질 때가 있었을 것입니다. 만약 그럴 때 그가 '지금이 전성기'라는 생각을 하지 않았다면 지금처럼 멋진 사람이 되지는 못했겠지요.

지금 웅크려있는 나도 나의 한 모습일 뿐입니다. 그 시간을 이겨내고 있는 스스로의 모습을 아름답고 자랑스럽게 생각해야 합니다. 강성태 씨는 당장의 '힘듦'이 결국 미래에는 '힘'으로 돌아온다는 사실을 알았던 것입니다.

자연도 삶도 똑같이 반복되는 것은 없습니다. 우리는 같아 보이지만 늘 다른 환경에서 다른 생각을 하고 달라진 풍경을 바라보며 살고 있습니다. 단 한 번뿐인 삶에서 단 하루만 살아볼 수 있는 이 순간이 '아름답다'고 생각해야 하지 않을까요?

3장

내면을 강하게 만드는 사고방식

나의 가치는 스스로 결정하라

어느 날 새벽 3시에 친구와 맥주나 한 잔 하려고 집 밖을 나섰습니다. 그런데 그날따라 바람이 많이 불고 가로등이 유난히 밝아 보이더군요. 가로등 불빛 아래로는 수많은 나무들의 그림자가 땅바닥을 어지럽히고 있었습니다. 저는 그 중에서 유독 큰 그림자를 보고 얼마나 큰 나무인지 궁금해서 위를 올려다보았지만 너무 많은 나무들이 흔들리고 있어서 그림자의 주인을 찾지는 못했습니다.

그런 생각을 하면서 약속장소에 도착한 저는 잔뜩 차려입고 나온 친구의 모습에 깜짝 놀랐습니다.

"도대체 이 시간에 왜 이렇게 차려입고 나온 거야? 고작 날 만나기 위해서 그런 건 아닐 테고 왜 그런 거야?"

"혹시 아는 사람 만날까봐…."

이 정도면 저는 문제가 있다고 생각했습니다. 이 친구 성격 좋습니다. 머리도 좋아요. 그런데 생각의 초점이 항상 타인에게 맞춰져 있다는 것은 분명히 심각한 문제였지요. 그래서 이 친구는 항상 이상한 고민에 시달리며 살더군요.

'내 옷을 보고 누가 못 입었다고 생각하면 어떻게 하지?'

'내 성격을 싫어하는 사람을 만나면 어떻게 하지?'

그럴 때마다 저는 매번 이렇게 조언해줍니다.

"너의 가치는 다른 사람이 판단하는 게 아니야. 설사 누군가 너를 판단한다고 해도 그 기준이 네 옷이나 스펙일 수는 없잖아. 너를 평가할 수 있는 진정한 너의 가치를 한 번 생각해봐."

비교되어서도, 비교할 수도 없는 나만의 가치

제 친구뿐 아니라 상당수의 10,20대들이 외적인 요소로 가치를 판단합니다. 비싼 옷을 입고 있으면 좋게 평가하거나, 의대에 입학하면 똑똑한 사람이라고 평가하는 식이지요. 하지만 비싼 옷과 좋은 대학이 그 사람의 '자존'이나 '가치'를 높여주지는 않습니다.

인간의 '가치'는 그런 것들로 판단할 수 없습니다. 그런 것들은 깨진 유리파편처럼 너무나 단편적인 모습일 뿐이니까요. 만일 누군가 비싼 옷을 입고 있다면 우리는 단지 그 사람의 삶의 지극히 단편적인 '부분'을 보았을 뿐, 그것만으로 그 사람이 어떤 생각으로 살아가는지는 알 수 없습니다.

이렇듯 우리는 타인의 '가치'를 함부로 매길 수 없습니다. 아니, 더 정확하게 말하면 매겨서는 안 됩니다. 그런데도 우리는 늘 다른 사람들과 나의 겉모습을 비교하다가 결국 나 자신의 모습을 잃어버리곤 합니다. 다른 사람들의 말이나 행동에 휘둘리고 시선을 의식하느라 바쁘지요. 하지만 나를 가장 잘 아는 사람은 '나 자신'입니다. 내가 어떤 사람이고 어떻게 생겼으며, 무엇을 잘하는지는 나 자신이 가장 잘 안다는 것이지요. 그런데도 우리는 다른 사람들이 설정해놓은 기준에 스스로를 끼워 맞추려고 노력합니다. 그러면서 열등감이 생기고 비교와 경쟁이 시작되는 것이지요.

왜 우리는 이런 노력을 할까요? 모든 것에 대답하고 싶기 때문입니다. 모든 것을 잘하고 싶고 모두에게 잘 보이고 싶기 때문이지요. 하지만 그런 욕심이 결국 나 자신을 잃게 만듭니다. 달리 보면 우리는 항상 '남들보다 행복하기를 바라기' 때문에 이런 노력을 하게 됩니다. 비교되는 모든 상황이나 지식분야에서, 때로는 금전적인 부분에서 완벽하기를 바라다보니 반대편에서 열등감이 자라나는 것을 인식하지 못합니다. 결국에는 아무것도 없는 '나 자신'으로서 살아가야만 하는데 말이지요.

단지 '내가 행복하기'만을 바란다면, 그것을 이루기는 그리 어렵지 않습니다. 하지만 '남보다 행복하기'를 원하니 행복해지지 못하는 것이지요. 공작새는 다른 공작새의 꼬리를 부러워하지 않는다는 사실을 알고 있나요? 저마다 자기의 꼬리가 가장 아름답다고 생각하기 때문이라고 합니다. 공작새가 온순한 이유도 아마 그래서일 테고요. 자신의 꼬리가 최고이므로 굳이 다른 공작새에게 내 꼬리를 자랑하거나 경쟁할 필요가 없는 것이지요. 어쩌면 공작새가 우리보다 자신의 '가치'를 잘 알고 있는지도 모릅니다.

명작 같은 삶? 명작 같이 꾸민 삶?

공작새처럼 우리도 진정한 내 자신의 '가치'가 무엇인지를 반드시 찾아야 합니다. 우리는 누구의 시선도 의식하지 않고 꿋꿋하게 '나'만의 길을 걸어갈 때, 그리고 그 안에서 내면의 소리를 들을 때 스스로의 '가치'를 만들고 '자존'을 높일 수 있습니다. 물론 그 길이 옳은지 그른지도 중요하겠지요. 하지만 그 전에 '나는 옳은 길을 가고 있다'라고 생각하는 자체에 큰 의미를 두어야 합니다. 설사 그 길이 옳지 못하다 하더라도 다른 사람들이 깔아놓은 길을 걷는 것보다는 낫다고 확신합니다.

'나는 이렇게 찌질하지만 저 사람들도 나만큼이나 찌질할 거야. 그래서 나는 다른 사람들이 잘하는 것보다는 내가 좋아하고 잘할 수 있는 일에 집중하며 살 거야.'

저는 이런 사고방식이 진정한 '자존'이고 '가치'라고 생각합니다. 내 가치는 내가 매기는 겁니다. 다이아몬드처럼 반짝반짝 빛을 내며 자기자랑을 하는 삶보다, 까맣고 못 생겼지만 남들을 따뜻하게 해줄 수 있는 숯 같은 삶이 더 가치 있는 삶일 것입니다. 20대에 외제차를 몰며 버버리 코트에 발망 바지를 입고 있는 사람이 부러울 수 있습니다. 하지만 그것은 외제차의 가치이며 버버리 코트와 발망 바지의 가치를 잠시 빌린 것뿐입니다.

모든 것을 가졌어도 고개 숙이고 자신감 없이 걷는 사람보다는, 내세울 것 하나 없어도 가슴을 활짝 펴고 당당하게 걷는 사람이 더 멋진 법입니다. 진정한 가치는 멋지게 꾸민 외면이 아니라 내면에 있다는 말입니다. 우리는 '명작 같은 삶'을 살고 싶지 '명작처럼 꾸민 삶'을 살고 싶지는 않잖아요? 그러니 이제부터라도 내면의 가치를 키워야 합니다. 그 가치를 스스로 부여하세요. 그것이 바로 '자존'이니까요.

서두에 말했던 그 친구와 술을 다 마시고 새벽 5시쯤 집에 돌아가는데 여전히 바람이 많이 불더군요. 가로등 불빛에 나타나는 큰 나무들의 그림자들도 계속해서 땅바닥을 어지럽히고 있었습니다. 저는 다시 고개를 들어 가장 큰 그림자의 주인을 찾아보았지요. 자세히 보니 그 그림자는 가로등 바로 아래에 있는 가장 작은 나무의 것이었습니다.

완벽하게 '불완전'한 나를 사랑하라

한 친구가 저를 롤모델로 삼고 싶다는 말에 깜짝 놀란 적이 있습니다. 이렇게 부족한 저를 롤모델로 삼겠다니, 고맙기도 했지만 한편으로는 당황스럽더군요. 또 한편으로는 안타까운 마음도 들었습니다.

우리는 살아가면서 존경하는 사람을 롤모델로 삼기도 하고, 때로는 우리가 어떤 사람의 롤모델이 되기도 합니다. 하지만 확실한 것은 내가 나의 롤모델처럼 될 수는 없으며, 그 누구도 나처럼 될 수 없다는 사실입니다. 위의 그 친구가 제 사생활을 자세하게 관찰하면 롤모델로 삼겠다는 말을 바로 취소할지도 모릅니다.

완전함의 늪

어느 누구도 다른 누군가와 완벽하게 똑같이 닮을 수는 없습니다. 때로는 저도 스스로 생각하는 제 모습과 닮기 힘들 정도니까요. 여러분도 마찬가지일 테고요. 단지 우리는 매일 더 나은 내가 되기 위해 개선해나가는 존재일 뿐입니다. 저 역시 스스로 지키지 못할 약속들을 다짐하기도 합니다. 지갑이나 시계도 꽤나 자주 잃어버리는 편이지요. 아이들처럼 길을 가다 넘어져 무릎이 까지기도 합니다. 그저 평범하고 부족한 면투성이인 이정철이지요.

하지만 세상에 완벽한 사람이 어디 있겠습니까? 여러분보다 잘난 사람이 있다면 도대체 얼마나 더 잘났겠습니까? 그저 모든 면에서 완벽해보이고 싶은 사람만이 있을 뿐이지요.

그럼에도 불구하고 대부분의 10,20대들은 스스로 완벽하기를 바랍니다. 모두에게 사랑받고 싶어 하고 모든 분야에서 최고가 되고 싶어 하지요. 하지만 몸과 마음이 동시에 움직여지지 않아 항상 고민합니다. 꿈과 목표는 확고하지만, 자신의 단점과 허점들을 발견할 때마다 절망의 늪으로 들어갑니다.

'나는 정말 안 되는 걸까?'

'저 사람은 되는데 나는 뭐가 부족한 거지?'

말은 안 해도 늘 이런 생각을 품고 살아갑니다. 저 역시 같은 고민을 했었기에 충분히 공감할 수 있습니다. 단점이 드러나는 것이 부끄럽고, 나 자신을 낮춰 이야기하는 데 익숙하지 않습니다. 없어도 있는 척, 몰라도 아는 척하며 자신의 부족한 면이나 단점을 덮어 가며 살아가려 합니다. 자신의 장점을 스스로 인정하지 못하고 단점에 지배당하며 살아갑니다. 내 자신이 불완전함을 스스로 인정하려 하지 않는 것이지요.

왜 그럴까요? 왜 우리는 '완전함의 늪'에서 헤어 나오지 못할까요? 바로 나 자신에 대한 우월성을 내려놓지 못하기 떠문입니다. 나는 남들과는 다르다고 생각하고, 실수를 하거나 주춤해서는 안 된다고 생각하는 것이지요. 이렇게 상당수의 10,20대들이 스스로 특별한 존재여야 한다는 생각에서 벗어나지 못합니다.

여러분이 어떤 팀 프로젝트에서 중요한 발표를 맡았다고 상상해 보세요. 여러분은 누구보다 멋지게 발표하기 위해 많은 자료를 수집하고 연습하겠지요. 하지만 막상 단상에 서면 어느 순간 발표는 끝이 나 있습니다. 내가 무슨 말을 했는지조차 기억나지 않지요. 그리고 마음속으로 준비한 만큼 발표하지 못한 스스로를 한심하다고 생각합니다.

저뿐만 아니라 많은 10,20대들이 이와 비슷한 경혼을 합니다. 우리는 스스로를 과대평가하는 습관이 있습니다. 실수한 사람이 '나'라는 사실을 좀처럼 받아들이지 못하지요. 나에 대한 기대치를 높여놓았으니 아무리 노력해도 그 기대치에 다가가지 못하는 것입니다.

'원래 나는 잘하는데 이번에는 긴장해서 연습한 만큼 못한 거야.'

이렇게 생각한다면 평생 고민하다 좌절만 맛볼 것입니다. 결국 '나는 이렇게 무능력한 사람이야'라는 결론을 내리게 될 수밖에 없겠지요. 현실의 여러분과 여러분이 기대하는 이상향은 별반 다르지 않다고 생각하는 것이 건강한 사고방식입니다. 이렇게 스스로 부족하다고 생각해야만 좌절하지 않고 배우고 노력하겠다는 생각을 갖게 될 테니까요. '처음 하는 일이어도 잘하고 싶다'라는 생각으로 조금씩 노력해나가야 하는데, '나는 처음부터 잘할 수 있어'라는 생각으로 도전하니 늘 좌절하는 것입니다. 조금 모자라도 자신을 받아들여야 합니다. 부족한 나를 무시하지 않고, 나의 불완전함을 인정하는 순간 완전히 새로운 길이 열립니다.

어제의 나보다 나은 오늘의 나

저는 굉장히 산만한 편이라 어릴 때부터 늘 이런 지적을 받았습니다.

"왔다갔다 좀 그만하면 안 되겠니?"

"다리 좀 그만 떨면 안 되겠니?"

어른들은 늘 저에게 제발 앉아서 10분만이라도 집중하라고 했지요. 남들은 1시간이면 끝낼 만한 간단한 숙제도 5시간 이상 걸릴 정도였으니까요. 그런 저를 주위에서는 '문제아' 취급을 하더군요. 결국 학교에서는 개선시킬 필요성이 있는 '문제대상'으로 판단하고 부모님을 호출했습니다. 부모님이 최후 수단으로 제가 책상에 앉으면 공부가 끝날 때까지 옆에 붙어 있기로 할 정도로 문제가 심각했습니다. 그런 제가 어느 날 국어시험에서 55점을 받아왔습니다. 그때 저는 스스로 집중력이 떨어지고 국어를 못하는 사람이라고 인정하기 시작했지요. 하지만 저 스스로를 무시하지는 않았습니다. 정말 중요한 문제는 제가 '집중력이 떨어진다'는 것이 아니었으니까요.

국어 점수 55점을 받은 것이 문제일까요? 집중력이 부족한 것이 문제라면 세상은 '문제아'로 가득할 것입니다. 지리산에 사는 학생은 근의 공식은 몰라도 어떤 것이 독버섯인지 구분할 수 있습니다. 시골에서 올라온 제 친구는 '냉장고'의 영어표현은 몰라도 달리기 하나만큼은 동네에서 주름을 잡았습니다. 저 또한 집중력이 떨어지는 대신 남들보다 잘하는 무언가가 있을 것이라고 생각하며 살았습니다. 그런데 우리는 그런 나만의 장점을 대수롭지 않게 생각합니다. 우리에게는 저마다의 '재능(Gifted Talent)'이 있습니다. 그것은 선천적으로 타고나기도 하고 스스로 개발해나가기도 합니다. 그런데 우리는 종종 이런 소중한 재능을 그저 '당연한 것' 또는 '도움 안 되는 것'으로 여기지요.

'독버섯인지 아닌지 구분할 줄 아는 게 무슨 소용이야. 시중에는 다 먹을 수 있는 버섯만 팔고 있는데.'

'달리기 잘하는 사람이 얼마나 많은데 그걸 장점이라고 내세울 수 있겠어?'

이렇게 자신의 재능(장점)들은 모두 무시하고 단점만으로 스스로를 평가하며 살아갑니다. 부족한 면들을 반드시 채울 필요는 없습니다. 자책하고 부족한 면을 채우기 위한 노력을 포기하라는 말이 아닙니다. 단지 그 사실을 인정하고 필요하면 배워나가자는 것이지요. 이것이 겸손이고 배움을 위한 첫 걸음입니다. 단, 그전에 먼저 내가 가진 재능(장점)들을 스스로 인정하고 칭찬해야 합니다. 우리는 꽤나 멋진 재능들을 하나쯤은 가지고 있습니다.

'나는 5시간이나 걸렸는데 어떻게 저 친구는 1시간 만에 끝낼 수 있었지?'

어릴 적에 저는 이것이 참 이상했습니다. 하지만 1시간이 걸리든, 5시간이 걸리든 그것이 중요하지는 않습니다. 저는 오히려 여기서 저의 장점을 발견했습니다. 저는 5시간이 걸리든 하루가 걸리든 무슨 일을 시작하면 '끝을 보는 성격'이었던 것입니다. 이런 장점은 남들과 비교할 대상이 아닙니다. 우리의 비교대상은 오직 '어제의 나'라고 생각해야 합니다. '어제의 나'보다 '오늘의 나'가 더 훌륭하다면 멋진 삶을 살고 있는 것입니다. 불완전함을 인정하는 순간 우리의 많은 고민이 사라집니다.

제 경험을 하나 더 소개하겠습니다. 저는 여덟 살 때부터 친구들에게서 흰 머리가 많다고 놀림을 받았습니다. 하루는 너무 속상해서 어머니에게 하소연했더니 이렇게 위로해주시더군요.

"네가 너무 똑똑해서 그래. 원래 천재는 약간 독특한 면이 있는 거란다."

어린 저에게는 어머니의 이런 터무니없는 대답이 아무 위로가 되지 않았습니다. 그저 검은머리를 가진 친구들이 부러웠지요. 그런 눈치를 챘는지 어머니가 이렇게 물었습니다.

"학급에서 너보다 키가 작은 친구가 있니?"

당시 저는 또래보다 키가 많이 큰 편이어서 거의 다 저보다 작다고 대답했습니다. 그러자 어머니는 다시 '키가 작게 태어나는 것과 흰 머리가 조금 있는 것 중에 선택하라면 무엇을 선택할 거냐'고 묻더군요. 단번에 저의 고민을 해결해준 것입니다. 저는 '또래보다 큰 키'라는 장점은 묻어두고 '흰 머리가 있다'라는 단점만으로 스스로 부족하다고 생각했던 것이지요.

필요하다고 느끼지 않는 분야에서 못하는 것은 단점이 아닙니다. 선천적으로 남들과는 다른 신체적 문제가 있더라도 그것으로 여러분의 가치를 판단할 수는 없습니다. 우리는 모두 소중한 존재입니다. 그러니 너무 완벽해지려고 안달하지 마세요. 완벽해지려는 마음이 여러분을 행복하지 못하게 만드는 것입니다. 우리는 부족한 면이, 배워야 할 것이 너무 많기에 불완전한 나를 사랑해야 합니다. 부족한 면이 많다면 개선될 점이 많다고 생각하고, 단점이 많다면 장점도 많다고 생각하세요. 그것이 가장 건강한 사고방식입니다.

‘If’의 덫에 갇혀 살지 마라

　지금의 10,20대는 끝없는 경쟁과 수많은 비교를 당하며 커왔습니다. 내면이 강해지기에는 너무나 취약한 환경에서 자라온 것이지요. 사회는 과정보다는 결과를 중시하고, 우리는 누군가를 밟으면 그 위에 또 누군가를 밟고 올라가야 하는 시스템에 길들여질 대로 길들여져 있습니다.

　아무리 단단한 돌도 그보다 단단하고 견고한 돌에 깨지기 마련입니다. 우리는 더 단단하고 완벽한 누군가에 의해 늘 깨져왔고, 자존감은 떨어질 대로 떨어져 바닥을 드러냅니다. 그러다 결국 불완전한 나를 받아들이지 못하고 타인을 부러워하기 시작하지요. ‘저 사람은 되고 나는 왜 안 되지?’라는 비교가 나중에는 ‘내가 저 사람이라면 얼마나 좋을까?’라는 생각으로 점차 바뀌기 시작합니다.

가정하는 습관은 비겁한 정당화

자신보다 뛰어난 능력을 가진 사람이나, 부러워할 만한 재력을 가진 사람을 보았을 때 '내가 저 사람이라면 얼마나 좋을까?'라고 생각하는 것이 어쩌면 당연할지 모릅니다. 하지만 이런 생각에는 치명적인 함정이 숨어 있었습니다. 먼저 제 경험을 하나 소개하겠습니다.

저는 극심한 평발입니다. 3시간 정도 서 있으면 발에 무리가 와서 그날은 아파서 밤에 제대로 잠을 못잘 정도이지요. 고등학교 시절에는 축구를 할 때마다 늘 벤치에 앉아 구경만 했습니다. 친구들이 왜 너는 축구를 안 하고 앉아 있느냐고 물을 때마다 저는 늘 이렇게 대답했습니다.

"평발이라 축구를 할 수가 없어. 오래 뛰면 다리가 많이 아프거든. 평발이 아니면 축구를 잘할 수 있을 텐데…."

사실 틀린 말은 아니었습니다. 저는 정말로 축구를 좋아했지만 선천적인 신체문제로 축구를 할 수 없었으니까요. 특수 깔창이나 신발로 어느 정도 개선은 가능했지만 완벽한 치료법은 없었습니다. 그래서 저는 늘 제 평발이 미웠습니다. 그런데 어느 날 문득 이런 생각이 들었습니다.

'만약에 평발을 완벽하게 고칠 수 있다면 과연 내가 축구를 잘할 수 있을까?'

솔직히 자신이 없더군요. 저는 박지성 선수가 평발이라는 사실을 알고부터 축구를 잘하고 못하고에 있어서 평발은 '부차적인 요인'일 뿐이지 '결정적 요인'은 아님을 알게 되었습니다.

'내가 저 사람이라면 얼마나 좋을까?' 하고 가정하는 습관의 치명적인 함정은 바로 여기에 있습니다. 우리가 '특별한 목적'을 위해 이런 가정을 이용한다는 것이지요. 즉, 저는 평발이라서 축구를 못하는 것이 아니라, 축구를 못하는 이유를 납득시키기 위해 '평발이 아니라면'이라는 가정을 내세웠던 것입니다.

다른 사례를 들어볼까요? 예를 들어 어떤 학생이 과제를 못해 온 상황을 가정해보겠습니다. 이런 상황에서 만일 학생이 교수에게 "시간이 부족해서 완벽하게 끝마치지 못했습니다. 저에게 시간만 충분했더라면…"이라고 말한다면 문제가 있는 것입니다. 일반적인 교수라면 학생들이 적절한 시간 안에 해결할 수 있는 과제를 내주었을 테니까요. 결국 이 학생은 자신이 '숙제를 못한 이유'를 납득시키기 위해 '시간이 충분했더라면'이라는 가정을 이용한 것입니다. 이를 정확히 해석하면 '과제를 못한 이유로 저는 시간이 부족했다는 평계를 내세우겠습니다'가 되겠지요.

저는 가정하는 습관이 '비겁한 정당화'라고 생각합니다. 당장의 위기를 모면하는 대가로 자신의 자존감을 깎아먹는 행위라는 것이지요. 이렇게 자존감이 줄어들수록 '가정'에 갇혀 살게 됩니다. 세상이 미워지고 자신이 불행한 이유를 끝도 없이 가정해대는 것이지요. 이런 식의 가정은 '나 자신을 믿지 않는다'라는 사실에 대한 결정적인 근거가 됩니다. 중요한 것은 '무엇이 주어지느냐'가 아니라

'주어진 것을 어떻게 활용하느냐'인데 말이지요. 저 역시 한때 이런 가정을 하며 살았습니다.

'나도 저 사람 정도의 인생만 산다면 좋을 텐데…'

어쩌면 당시 저는 불행해지고 싶었는지도 모릅니다. 다른 사람들에게 제가 불행하다는 감정을 호소함으로써 최소한의 관심을 받고 싶어 했는지도 모릅니다.

누구나 가슴 아픈 시련을 하나쯤은 가지고 있고, 그로 인해 고통스러운 마음고생을 하며 살아갑니다. 그럼에도 불구하고 우리는 행복해지고 싶은 것 아닌가요? 그렇다면 가정하지 마십시오. 여러분 스스로에게 물어보세요. 내가 부족한 점에 대해 가정을 세워 피하고 있지 않은지. 우리에게 주어진 것들을 활용하는 삶이 자신을 믿고 사는 삶입니다.

정신력은 상황을 받아들이는 생각의 차이다

만일 물리적인 힘이 세상을 지배하고 있다면 지금도 여자들의 지위는 조선시대와 다를 바가 없을 것입니다. 하지만 지금은 분명 무엇인가 달라졌습니다. 일반적으로 지금의 여자들은 남자들보다 똑똑하며 물리적인 것과는 다른 특별한 힘이 경쟁력을 키워주고 있습니다.

저는 그것이 '정신력'이라고 생각합니다. 아무리 힘이 세고 용기 있는 남자라도 그 용기에 의심을 품는 순간 갖고 있던 힘마저 무용지물이 됩니다. 반대로 아무리 약자라도 정신을 집중하면, 즉 정신력이 있으면 강한 힘을 발휘할 수 있습니다. 이제는 우월한 신체조건보다는 정신력이 경쟁에서의 승패를 좌우하는 세상이 되었습니다.

정신력은 스스로의 결심

앞서 '행복하기로 결심하기'처럼 정신력도 스스로의 '결심'입니다. 내면의 정신력이 얼마나 중요한지에 대한 사례를 하나 소개하겠습니다.

저는 환절기만 되면 감기에 걸립니다. 보통 가을쯤에 걸려서 겨울이 끝날 때까지 시달리지요. 당연히 감기약을 달고 살았습니다. 조금 나아진다 싶으면 약을 안 먹다가, 다시 감기 기운이 느껴지면 약을 찾곤 했지요. 겨울만 되면 삶이 무기력해졌고 제 몸이 얼마나 나약한지 느끼며 살았습니다. 병원을 백날 찾아가보다야 같은 약을 처방해줄 뿐 별다른 변화는 없었습니다. 언제부터인가는 밥을 먹는 것이 약을 먹기 위한 행위가 될 정도였지요.

그래서 한 번은 다방면으로 지식이 넓어서 가끔 찾아 조언을 구하던 은사를 찾아갔습니다. 그 선생님은 술, 담배를 안 하고 30년 동안 병을 앓거나 사고를 당해 누운 적도 없었습니다. 말 그대로 자기관리가 누구보다 완벽한 분이었습니다. 저는 감기에 너무 잘 걸리는 내 자신을 이길 수 있는 방법을 물었습니다.

"선생님, 저는 감기를 달고 살아요. 저는 목폴라에 두툼한 다운점퍼를 입고 다녀도 감기에 이렇게 쉽게 걸리는데, 선생님은 항상 반팔 티 하나만 입고 있는데도 어떻게 감기에 걸리지 않으세요?"

"나도 감기에 가끔 걸리는데 그게 무슨 소리야?"

"그런데 선생님은 저와 다르시잖아요. 겉보기에 감기에 걸린 것

같지도 않고, 왜 기침을 하거나 콧물도 안 흘립니까!"

"감기는 인간이 가장 쉽게 걸리는 병이야. 하지만 누구에게는 가장 낫기 쉬운 병이고 누구에게는 가장 무서운 병이지. 그 차이가 뭐라고 생각해?"

"신체적인 차이 아닐까요? 저는 본래 몸이 약합니다. 지금의 약도 어쩌면 내성이 생겨 더 강한 약을 처방받아야 할 정도로 심각합니다."

"물론 신체적인 차이도 있겠지. 평소 건강한 음식을 먹고 규칙적인 운동을 일삼는 사람은 상대적으로 감기에 걸리지 않지. 하지만 그보다 더 중요한 게 있어. 감기를 이기겠다는 너의 마음가짐이 약하기 때문이야. 즉, 네가 감기에서 벗어나지 못하는 이유는 스스로 이기려고 하지 않고 약이 병을 이겨줄 것이라고 생각하기 때문인 거지."

정말 당황스럽고 너무 터무니없게 들렸습니다. 선생님이 현대 의학이 얼마나 발전했는지 모르고 하는 말씀이구나 싶었지요.

"아까 이야기했지만 나도 감기에 가끔 걸려. 하지만 어느 순간부터 약은 먹지 않았지. 어차피 나의 항체를 이기는 더 강한 바이러스가 나타난다면 그 약은 더 이상 필요 없어지고 또 다른 약을 찾게 될 테니까. 그때부터 의사가 처방해주는 약은 크게 소용이 없다고 생각했어.

물론 극단적인 상황에서는 약이 필요하지. 나도 몸을 가누기 힘들 정도의 병에는 당할 수 없을 테니까. 하지만 어느 날 '약을 먹는 것'이 '내가 환자'임을 인정하는 행위라는 생각이 뇌리에 박히더라고. 나도 네 나이 때는 약을 많이 찾았어. 그러다보니 시간이 갈수록 나약해졌지. 나는 환자니까 조금 쉬어야만 할 것 같고, 환자니까 할 일을 잠시 미루자는 생각이 머릿속을 지배했지. 너도 알다시피 그건 다 핑계잖아? 솔직해지자고. 너도 내가 보기엔 그리 심한 독감은 아니야. 그건 네가 더 잘 알고 있겠지?"

정곡을 찔린 기분이었습니다. 독감은 아니었지요. 약간 불편할 뿐, 일상생활을 하는 데 큰 무리는 없는 것이 사실이었고요.

"내가 감기에 걸려도 아닌 것처럼 보인다고 했지? 그건 내가 감기에 걸렸다고 생각하지 않아서일 거야. 특별한 생각이 아니야. 그저 감기에 걸리지 않았다고 생각하는 것, 그것뿐인 거지. 평소와 똑같이 생활하면 되는 거야. 나는 약 없이도 나을 수 있다는 생각, 그것이 '정신력'이야.

네 어머니를 떠올려봐. 여자는 약하지만 어머니는 강하다는 말 들어봤지? 누구나 그렇듯이 네 어머니도 분명 감기보다 심한 마음의 병을 앓고 계실 거야. 하지만 좀처럼 집안 살림이나 설거지를 미루는 모습은 보기 힘들지. 그저 평소처럼 살아가시잖아. 어머니는 네 주변에서 그만큼 정신력이 강한 사람은 찾아볼 수 없을 정도로 강한 존재인 거지."

순간 내가 이 논리를 과연 어떻게 받아들여야 할지 난감했습니다.

'감기에 걸리지 않았다고 생각해라. 과연 그게 가능할까?'

선생님은 말을 계속 이어갔습니다.

"간단히 이야기하면 '정신력'은 그저 받아들이는 생각의 차이야. 네 항체에 무슨 문제가 있는지, 어떤 신체적인 결함 때문인지, 의사가 약을 잘못 처방했는지는 별로 중요한 게 아니라는 말이지. 그저 너 스스로 감기를 이길 수 없다고 생각하는 게 너를 낫지 못하게 한다고 생각하면 되는 거지. 결국 병에 걸린 것은 네 '몸'이 아니라 네 '정신' 아닐까?"

지금 내가 할 수 있는 최선 찾기

이 이야기를 들은 지 어느덧 2년이라는 시간이 흘렀습니다. 2년간 병든 제 몸보다는 정신을 고치기 위해 노력했습니다. 감기에 걸려도 그저 '이겨내자'라는 생각으로 지내왔지요.

과거의 이정철은 감기에 걸리면 기침을 심하게 했습니다. 콧물이 흐르지 않아도 코를 풀었지요. 지금의 이정철은 다릅니다. 감기에 걸려도 걸리지 않았다고 생각하니 억지로 기침을 하지도 않고, 코도 상대적으로 덜 풀게 되었습니다. 결국 선생님 말처럼 '감기에 걸렸다는 생각'이 감기를 낫지 못하게 한 원인이었던 것이지요. 병에 걸린 것은 제 '몸'이 아니라 '정신'이었습니다. '멍청한 자기최면 아니야? 아프면 약을 먹고 나아야지' 하고 생각할 수 있습니다. 그 또한 상황을 받아들이는 생각의 차이일 것입니다. 그래서 '정신력' 또한 '결심'인 것입니다.

앞서 우리가 행복하지 못한 이유도 행복을 받아들이는 방식의 차이 때문이었습니다. 스스로의 가치와 자존을 높여서 내면이 단단해진 사람은 쉽게 무너지지 않습니다. 우리의 상황은 분명 각자 다릅니다. 하지만 행복하기 쉬운 환경이라는 것도, 행복하기 어려운 환경이라는 것도 없습니다. 행복의 기준은 각자 다를 수밖에 없으니까요. 다만 우리의 상황이 얼마나 최악이든 그 안에서 내가 할 수 있는 최선을 찾는 것, 그것이 지금 우리가 해야 할 일 아닐까요?

지금의 10,20대가 빠른 포기에 익숙하고 실패를 드려워하는 이유도 결국 그런 노력을 하지 않는 데 있습니다. 조금 아프니까 학교에 빠지고, 어떻게든 과제에서 빠져나올 생각을 합니다. '어떻게 하면 될까'보다는 '어떻게 하면 안 될까'를 고민합니다. 여러분도 혹시 자신도 모르게 나약해질 방법을 찾고 있지는 않은가요?

저는 생각의 나이와 육체의 나이는 별개라고 생각합니다. 여기에 대해서는 '4장 내면의 깊이 키우기'에서 더 자세히 다루도록 하겠습니다. 10,20대들도 철학자 못지않게 '행복'에 대해 고민하느라 밤을 새우기도 하고, 때로는 '인생'에 대해 하루 종일 고민하기도 합니다. 그리고 그런 고민을 표현하지 못하는 한계를 느끼기도 하지요. 하지만 중요한 것은, 여러분이 어떤 상황에 있고 어떤 고민을 하든 '내가 스스로 그것을 이겨낼 수 있다'라고 생각하는 '정신력'이 필요하다는 사실입니다. 그 정신력은 바로 여러분의 결심에 달려 있습니다.

생각과 사실을 구분하라

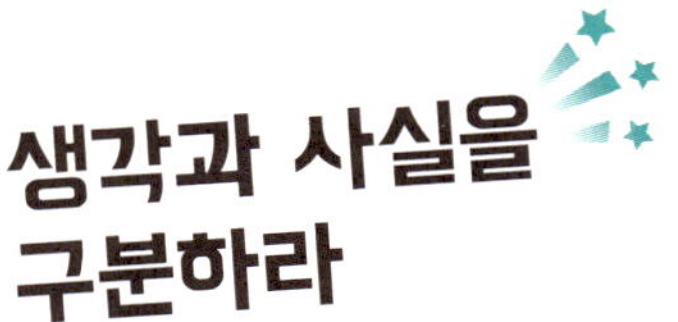

우리는 생각을 할 수 있어서 행복하기도 하지만, 때로는 생각할 수 있어서 불행하기도 합니다. 저 역시 가끔 아무 생각 없이 현재에만 충실하면 지금보다 행복할지도 모르겠다는 생각을 하곤 합니다. 눈이 오면 오늘만 살 것처럼 뛰어 놀며, 공만 주면 우주를 가진 듯 좋아하는 강아지처럼 말이지요. 어쩌면 인간은 평생 그 기분을 이해할 수 없을지 모릅니다.

생각과 사실을 구분하는 3단계 방법

행복해지기는 간단하다.

다만 간단해지기가 어려울 뿐.

독일의 의사 에카르트 폰 히르슈하우젠이 쓴 《행복은 혼자 오지 않는다》에 나오는 문구입니다. 마음에 새겨둔 명언이었는데, SNS에 지인이 캘리그래피로 멋지게 꾸며 올려놓은 것을 보고 다시 떠올리게 되었습니다. 이 명언처럼 '생각'과 '사실'을 구분하는 것 또한 굉장히 간단합니다. 생각과 사실을 구분하는 데에는 3단계의 순서가 있습니다.

첫째, 상대방의 생각을 읽지 마라.

둘째, 궁금하면 물어 봐라.

셋째, 묻지 않았다면 잊어라.

앞서 우리는 스스로를 불행하게 만들고 있다고 했습니다. 스스로 나약해질 방법과 불행한 이유만 찾으려 합니다. '사실'은 외면한 채 '생각'이 우리를 불행하게 만들고 있는 것이지요.

제가 고깃집을 갔을 때의 일입니다. 고기부위에 대한 제 지식은 굉장히 짧습니다. 돼지고기는 자주 먹는 삼겹살이 최고이며, 소고기는 그저 등심이 연하고 맛있다는 정도밖에 모르지요. 메뉴판에 다양한 부위의 고기들이 적혀 있어서 종업원을 찾았습니다. 채끝살과 안창살에 대해 물었더니, 채끝살은 곱고 부드럽고 안창살은 쫄깃하다고 하더군요.

자세하게 설명해주었지만, 저는 고민 끝에 평소에 먹던 삼겹살을 시켰습니다. 그러자 그 종업원이 갑자기 정색을 하며 뭐라고 중얼거리면서 가더군요. 상당히 기분이 나빴습니다. 저는 그저 궁금해서 물어보았을 뿐인데, 어차피 평소에 먹던 음식을 시킬 생각이었으면서 왜 물어보냐는 눈빛으로 쳐다보더군요. 식사를 하는 내내 기분이 나빴습니다. 그 종업원의 작은 중얼거림 하나가 제 기분을 하루 종일 무겁게 만들었습니다.

이 상황을 위에서 제시한 3단계를 이용해 생각과 사실을 구분해 보면 이렇습니다.

1단계, 상대방의 생각을 읽지 마라

저는 사실 종업원이 뭐라고 이야기했는지 모릅니다. 그저 표정과 입모양만 보고 '나를 욕하고 있구나'라고 생각한 것이지요. 정말 욕을 했는지 아닌지는 그 종업원이 아니고는 모르는 일인데 말이지요. 그건 제 '생각'일 뿐이지 '사실'이 아닙니다. 어쩌면 저와 이야기를 나누기 직전에 사장에게 혼이 나서 기분이 나빴을 수도 있고, '왜 이렇게 바쁘냐'고 혼자 투덜거렸을 수도 있습니다.

2단계, 궁금하면 물어 봐라

제가 종업원의 행동으로 기분이 나빴다면 솔직하게 물어보면 됩니다. 그럴 권리는 충분히 있으니까요.

"저 때문에 기분이 나쁘셨나요? 잘 몰라서 여쭤본 건데 그랬다면 죄송합니다."

이렇게 물었다면 설령 그 종업원이 그런 생각을 하고 있었더라도 마음을 풀고 아니라고 친절하게 말했을 것입니다.

3단계, 묻지 않았다면 잊어라

하지만 대부분의 사람들은 묻지 않습니다. 저 또한 그랬고요. 그저 혼자 생각할 뿐이지요. 첫 번째 단계인 '상대방의 생각을 읽지 마라'는 쉽게 고쳐지지 않습니다. 우리는 항상 다른 사람들이 무슨 생각을 하는지 궁금해 합니다. 하지만 물어보지 않는 이상 '그 사람'의 생각은 절대 알 수 없습니다. 묻지 않았다면 잊어야 합니다. 확실하지 않은 사건에 대한 나의 '생각'은 절대로 '사실'이 아니니까요.

'그렇다'와 '그런 것 같다'의 차이

제가 그때 이런 사고방식을 가지고 있었다면 전혀 기분이 상할 문제가 아니었습니다. 사실만 정리하면 '한 종업원의 중얼거림'으로 끝날 문제였지요. 그런데 제가 그 '중얼거림'의 의미를 계속 상상했으니 기분이 좋을 수가 없었지요. 말로는 간단하지만 실제로 이 단계들을 실천하기는 쉽지 않습니다. 그래서 간단해지기가 어려운 것이겠지요.

저와 비슷한 상황이 되었을 때 대부분의 사람들이 '기분 나빴다'라는 사실에 대한 집착을 놓지 못합니다. '나를 욕한 것 같다'라는 생각이 쉽게 잊혀지지 않지요. '나를 욕한 것'과 '욕한 것 같다는 생각'은 완전히 다른 의미임을 받아들이지 못합니다. 하지만 여러분이 아무리 속을 썩혀보아야 '기분 나빴다'라는 '사실'은 변하지 않습니다. 빠르게 잊으려 노력하든지, 그게 안 된다면 물어보면 됩니다. 생각과 사실을 구분한다면 우리가 받을 스트레스는 현저히 줄어듭니다. 애써 뒤에서 욕할 이유도, 친구에게 화풀이할 이유도 없습니다. 늘 긍정적인 방향으로 생각하되, 사실은 있는 그대로 받아들이고 그 과정에서 서로 소통하며 이해하려 노력해야 합니다.

4장

내면의 깊이 키우기

인정욕구를 버려라

"와인 한 잔 하시겠어요?"

어떤 이는 대화가 가능한 상대여야 와인을 함께 즐길 수 있다고 말합니다. 낯선 누군가를 처음 대면했을 때 '이 사람은 착한 사람이다' 혹은 '나쁜 사람이다', '이기적이다', '이타적이다'라는 느낌을 자신만의 기준으로 평가하는 시간은 보통 5분이 채 걸리지 않습니다. 마찬가지로 여러분 역시 누군가에게 그 사람만의 잣대로 평가받는 데는 5분간의 대화로 충분하지요. 말 몇 마디만 섞어도 이 사람이 나와 맞는지 맞지 않는지, 내면이 견고한 사람인지 아닌지를 알 수 있습니다. 대화에서 나타나는 말투나 태도, 예의와 품새만 봐도 그 사람의 내면의 깊이를 어느 정도 예측할 수 있기 때문이지요.

그렇다면 어떤 태도와 마음가짐을 가져야 훌륭한 내면을 가진 사람으로 평가받을 수 있을까요?

약하디약한 인정이란 껍데기

　이리 치이고 저리 치이며 사는 10,20대들의 몸과 마음은 너무나 지쳐 있습니다. 그래서 우리는 언제부터인가 이런 말 못할 스트레스를 '인정받기'로 해소하게 되었습니다. 원하지 않는 공부를 하며 고통을 받다가도 누군가에게서 인정받는 순간 언제 그랬냐는 듯 어깨를 으쓱거립니다. 그리고 이런 '순간의 인정'을 위해 다시 고통의 문을 두드리지요.

　이렇게 인정받기를 좋아하는 10,20대들의 특징은 대화에서 쉽게 찾아볼 수 있습니다. 자신의 업적을 과장하기도 하며, 묻지도 않은 자신의 일정을 줄줄 읊기도 합니다. "내가 이렇게 바쁜 사람인데 시간 내서 나왔어"부터 시작해 "이러저러한 상황이지만 나는 여기까지 이뤘어"라는 말을 하며 원하는 대답을 유도해 인정을 받으며 그동안 겪은 고통을 합리화시키려 합니다.

　이런 인정욕구를 가진 사람은 시간이 갈수록 몸과 마음이 피폐해집니다. 누군가 진정으로 여러분의 가치를 평가하고 인정해주는 것과, 좋은 평가를 유도하여 자신의 가치를 인정받는 것은 다르기 때문이지요. 유도된 좋은 평가로 만들어진 껍데기는 보이지 않는 안쪽에서부터 조금씩 금이 가기 시작합니다. 결국 그 껍티기가 다 깨지고 나서야 남들보다 작은 스스로의 알맹이를 보고 실망하게 되지요.

나를 낮출수록 올라가는 나의 가치

인정욕구로 인해 내면이 밑바닥으로 치달을수록 헤어나려는 마음보다는 포장하려는 욕구가 크게 작용합니다. 멋진 사람처럼 보이고 싶은 욕구, 아무것도 없지만 있는 것처럼 꾸미고픈 욕구들이지요. 그 욕구들이 다른 사람들에게 뻔히 보인다는 사실을 알면서도 잠깐의 거짓 인정을 받기 위해 자신의 내면을 버리는 행위를 마다하지 않습니다. 결국은 자신만의 기준을 잃고 타인의 기준에 맞춘 삶을 살아가는 것일 뿐인데 말이지요.

어떤 사람이 바쁘게 살고 있다고 해서 그 사람의 가치가 올라가지는 않습니다. 반대로 백날 놀고먹는 친구라고 해서 그 사람의 가치가 반드시 내려가지도 않지요. 하지만 정말 바쁘게 열심히 사는 사람은 주변에서 먼저 알아봅니다. 굳이 대화 주제와 관계없는 자신의 일정을 줄줄이 늘어놓지 않아도 바쁘게 살고 있음을 충분히 알 수 있지요. 내면이 깊은 사람은 스스로의 가치를 남보다 특별하다고 생각하지 않기에 인정받기를 유도하는 질문도 하지 않습니다. 내면이 깊은 사람은 먼저 묻지 않는 이상 굳이 스스로를 내보이지 않지요. 모두가 바쁘게 살고 있다는 생각으로 그저 자신의 길을 꿋꿋이 걸어갈 뿐입니다.

인정욕구가 없고 내면이 깊은 사람들은 진정성 있는 칭찬에 기뻐합니다. 반대로 생각하면 인정받기를 바라고 자신의 업적을 과장하는 사람은 가벼운 사람일 확률이 높습니다. 따라서 우리는 늘 겸손

하고 스스로를 낮추는 사람이 되어야 합니다. 자신이 세운 기준에 따라 스스로 인정하고 나아간다면 시간이 흐를수록 주변의 인식이 달라질 것입니다. 주변 사람들이 뒤에서 말없이 존중하고 앞에서는 태도로 보답하는 것을 느끼게 됩니다.

권위의식을 버려라

저에게는 대학교를 자퇴한 친구가 2명 있습니다. 한 친구는 경기대를, 다른 친구는 고려대를 자퇴했지요. 둘은 서로 모르는 사이지만 자퇴한 목적은 같았습니다. '내가 정말 잘할 수 있는 일, 정말 하고 싶은 일을 찾자'였지요. 하지만 두 사람의 결심에 대한 주변 친구들의 평가는 달랐습니다. 고려대를 자퇴한 친구에게는 대부분 이런 긍정적인 평가가 많았습니다.

"저 친구는 분명 뭘 해도 잘 될 거야, 자기만의 생각이 있을 테니 현명한 판단이라고 믿어보자."

반면에 경기대를 자퇴한 친구에게는 대부분 이런 부정적인 평가가 많았지요.

"대학도 안 다니고 도대체 뭘 하겠다는 거야? 장사라도 하겠다는 거야?”

권위 is 뭔들?

　이런 상반된 평가를 보면 10,20대들조차도 권위의식에 깊게 빠져 있음을 알 수 있습니다. 페이스북 프로필만 보더라도 명문대생은 대부분 소개란에 대학이름을 추가하는 반면, 지방대나 인지도가 낮은 대학을 다니는 학생들은 대학이름을 기재하지 않는 경우가 많습니다. 물론 자신의 업적이나 커리어를 SNS에 올리는 행위가 잘못된 것은 아닙니다. 하지만 거기에 차별적 대우가 따르든지, 그 사람에 대한 인식이 변한다면 잘못된 것이지요.

　제가 학원에서 아이들을 가르칠 때의 일입니다. 그 학원은 성균관대 근처에 있어서 선생님 대부분이 그 학교 출신이었습니다. 그 밖에 중앙대, 서강대 등이 있었고, 강남대 출신으로는 제가 처음 뽑힌 사례였습니다. 면접에서 학원 원장님이 그러더군요.

　“학력이 높다고 무조건 뽑히는 건 아닙니다. 사실 고교 수학과정은 전문대생도 열심히 공부하면 다 가르칠 수 있어요. 실제로 문제를 잘 푸는 선생님은 성균관대 출신 비율이 높지만, 학생들이 이해하기 쉽게 가르치는 선생님은 그보다 인지도가 낮은 대학 출신 비중이 높아요. 문제를 잘 푸는 능력과 이해하기 쉬운 언어로 학생들에게 잘 가르치는 능력을 동시에 갖춘 선생님을 뽑다 보면 면접에서 학력이 결정적인 요인으로 작용하지는 않더군요.”

이 말을 듣고 저는 면접에 통과했다는 확신을 가졌습니다. 실제로 통과했고요. 저와 원장님이 생각이 같다는 사실을 느꼈기 때문이지요.

학원에 들어간 지 얼마 되지 않아 회식이 있었습니다. 저는 아직 선생님들과 어색한 사이였고, 나이도 어려서 조금 부담스러웠지만 배울 점이 많으리라는 생각으로 참석했습니다. 어떤 대화가 오고갔냐고요? 정말 아무것도 없었습니다. 저와 대화를 나눈 선생님들에게 특별한 능력이 있다고 느끼지도 못했고, 대화수준도 평소 친구들과 나누는 대화와 비슷했습니다. 성균관대를 다닌다고 해서 듣기 거북하고 복잡한 문장을 구사하지도 않았고, 이해하기 어려운 사회 문제에 대해 대화하기 싫어하는 것도 똑같았습니다.

저는 명문대생이라고 하면 쥐죽은 듯 경청하고, 모든 말이 다 옳은 것 같다고 생각하는 그 얄팍한 대학증후군이 싫었습니다. 모두가 별반 다르지 않은 평범한 사람들인데 말이지요. 사회에 나가도 마찬가지입니다. 사(士)자가 들어간 직업군을 만났을 때도, CEO라고 적힌 명함을 받았을 때도 권위의식에 약해지면 안 됩니다. 판사라고 다 대단한 사람입니까? 국회의원이라고 모두 훌륭한 사람이 아니잖아요. 훌륭한 국회의원도 많지만 뒷돈을 챙기고 옥살이를 하는 국회의원도 있으며, 이해할 수 없는 판결로 욕을 먹는 판사도 뉴스에 종종 나옵니다. 직업은 교사지만 자기 자식들을 훌륭하게 가르치지 못하는 경우도 있습니다. 모두 다 훌륭한 사람도 아니고 모든 면에서 다 뛰어난 사람도 아니라는 것이지요.

판사는 법정에서나 판사고, 국회의원은 국회에서나 국회의원입니다. 자신이 위치해야 할 곳에서 최선을 다하고 있다면 그 안에서 존경을 표하고 인정해주면 그뿐인 것이지요. 집에서는 그저 평범한 아빠이며, 음식점에서는 그냥 손님인 것처럼 말이지요. 집 앞 당구장에 가면 병원에서 가끔 만나는 의사 선생님이 당구를 치고 있습니다. 그곳에서는 의사가 아니라 그냥 당구 치러 온 손님인데도 주변에서는 그 사람을 알아보고 신기한 눈으로 쳐다봅니다. 의사는 당구 치면 안 되는 것도 아닌데 말이지요.

이렇듯 권위의식을 바라보는 우리의 시선도 잘못되었지만, 그런 권위의식을 가진 사람들의 착각도 문제입니다. 자신이 가진 권위가 스스로를 남들과 다르게 보이게 해줄 것이라는 착각이지요. 왜 그럴까요? 그 문턱을 넘는 순간 인생이 변했다고 생각하기 때문입니다. 내가 서울대에 입학했으니, 혹은 내가 판사가 되었으니 나는 남들과 다르다고 착각하는 것이지요.

어떤 의사는 사람을 만나면 손목부터 보는 습관이 있다고 합니다. 매일 같은 복장을 하고 근무를 하니 자신의 부를 상징할 만한 것이 시계밖에 없어서 그런 습관이 생겼다고 하더군요. 자신이 의사라는 문턱을 넘었으니까 명품시계를 차야 할 것 같은 생각이 드는 것이지요. 회장님의 사무실은 정원처럼 넓어야 하고, 대리석으로 만든 큰 명패에 이름을 한자로 적고 예쁜 여비서를 사무실 앞에 세워두어야 한다는 망상은 버려야 합니다. 만약 여러분이 그런 생각을 하고 있다면 말이지요.

권위와 서열이라는 좁은 계단에서 내려오기

지금의 10,20대들은 나보다 아래에 있는 사람은 비웃고, 위에 있는 사람은 동경하는 태도를 너무 자연스럽게 생각합니다. 제가 중학생 때 다녔던 학원에서는 성적순으로 1등부터 3등까지는 파란색 스티커를 붙여주고, 4등부터 10등까지는 붉은색 스티커를 붙여주었습니다. 정말 문제 있는 제도이지요. 이를 통해 학생들에게 권위의식을 심어주고 있었으니까요. 아이들은 파란 스티커를 붙인 학생들을 대단하다는 듯 쳐다보고, 선생님들도 스티커 색을 의식해가며 아이들을 바라봅니다. 이렇게 아이들은 어릴 때부터 학원이라는 작은 사회 안에서 권위의식을 배우며 커가고 있었습니다.

우리는 평평한 대지 위를 함께 걷고 있습니다. 누가 조금 더 앞에서 걷느냐, 뒤에서 걷느냐의 차이일 뿐이지요. 그런데 요즘 10,20대들의 생각은 그렇지 않습니다. 항상 우위를 매기고 서열을 정하는 모습을 보면서 우리가 좁디좁은 계단을 오르고 있다는 생각이 들었습니다.

서열 따위는 신경 쓰지 마십시오. 그저 자신의 위치에서 최선을 다하면 됩니다. 윗사람에게는 저항하고 아랫사람에게는 존경을 표하세요. 자기 위치에서 하루하루 최선을 다하는 사람들, 자신의 위치나 직업에 소신을 갖고 노력하는 사람들에게는 무조건적인 존경을 표하십시오. 권위만 보고 무조건적으로 굴복하지 마십시오.

그러려면 보이지 않는 내면을 보는 힘을 키워야 합니다. 인간은 너무 이기적이라 상황에 따라 약해지기도 하고 강해지기도 합니다. 하지만 늘 의식해야 합니다. 내가 약자에게 강자처럼 대하고 있지 않은지, 강자에게 약자처럼 보이고 있지 않은지를 말이지요. 나부터라도 먼저 강자의 입장에서든 약자의 입장에서든 권위의식을 인식하지 않으려고 노력함으로써 그 좁은 계단에서 내려와야 합니다.

생각의 나이와
육체의 나이는 다르다

"너는 아직 어려서 잘 모르겠지만 나중에 크면 다 알게 될 거야."

저는 한 살 많은 형이 있습니다. 제가 초등학교 6학년 때는 중학생이 된 형이 어른처럼 보였습니다. 생각도 다를 것 같고 나이를 조금 더 먹었다는 것이 왠지 그냥 멋있어 보였지요. 제가 중학교 3학년이 되고 형이 고등학교 교복을 입었을 때도 마찬가지였습니다.

그래서 저는 고등학생만 되면 어른이 될 줄 알았습니다. 하지만 대학생이 된 지금의 저를 보아도, 주변에서 취직한 선배들을 보아도 사람 사는 것이 별반 다르지 않다는 생각이 들더군요. 나이가 어리다고 생각까지 어리지도 않고, 나이가 많다고 모두 어른스럽지도 않더라고요.

"군대를 다녀오면 철이 들어서 빵꾸난 학점을 다 메우더라."

"나이가 드니까 생각하는 게 점점 어른스러워지더라."

이런 말들을 '사실'이라고 받아들이기에는 현실적으로 예외가 훨씬 많았습니다. 저는 '육체의 나이를 먹는 만큼 생각의 나이도 먹는다'라는 말의 절반은 '꼰대스러운' 표현이라고 생각합니다. 물론 더 오랜 세월을 살다보면 보고 느끼는 것들이 더 많을 수는 있습니다. 하지만 더 오래 살았다는 사실만을 기준으로 그 사람의 '생각의 나이'를 단정할 수는 없습니다. 물론 생각의 나이를 판단하는 데 있어서 나이와 경험의 많고 적음은 중요합니다. 하지만 더 중요한 것은 '살면서 느끼고 배운 경험과 지식들을 어떻게 삶에 활용하고, 어떤 가치관을 가지고 살아가느냐'라고 생각합니다.

제 친구 한 명은 고등학생 때부터 파트타임을 뛰었습니다. 그 친구의 아버지는 이른 나이에 돌아가셨고, 어머니 혼자 집안을 이끌어나가기에는 금전적으로나 정신적으로 힘든 형편이었습니다. 그래서인지 그 친구는 고등학교 2학년 때부터 4년간 모든 주말을 반납하고 열심히 일을 했습니다. 공부도 못하는 편이 아니었지만, 등록금이 최대한 싼 곳을 알아보다 시립대에 입학하더군요. 누가 보더라도 효자라고 할 만한 친구였습니다.

저는 당시에는 그 친구의 자세한 상황을 몰랐다가 최근에서야 왜 그렇게 열심히 살았는지 물었습니다. 그런데 스물한 살이라고 하기에는 너무 어른스러운 그 친구의 대답에 깜짝 놀랄 수밖에 없었습니다.

"나는 굉장히 이기적인 아들이야. 공부를 미친 듯이 한 것도, 열심히 돈을 벌어서 어머니에게 용돈을 드린 것도 사실 어머니를 생각해서가 아니야. 그냥 가난이 싫고 반지하 원룸이 싫었을 뿐이었지. 나도 남들처럼 한번쯤은 사치도 부리고, 친구들과 멋진 곳으로 여행도 다니고 싶었어. 햇볕이 쨍쨍하게 들어오는 집에서 하루라도 살고 싶었지. 열심히 공부해 좋은 대학 들어가서 나라도 가난에서 벗어나고 싶어서 발버둥 친 거야. 엄마는 그런 나를 하나뿐인 최고의 아들이라고 생각하시지. 나는 엄마가 생각한 만큼 효자가 아니었는데 말이야. 4년간의 주말을 반납한 게 뭐가 대수라고 30년간 가족을 위해 모든 평일을 반납한 엄마 앞에서 아직도 사치나 여행에 대한 생각이 남아있는 걸 보면 나만한 불효자도 없는데 말이야.

그런데 지금은 생각이 달라졌어. 이제는 소소한 행복이 더 중요한 거 같더라고. 엄마도 잃기 전에, 엄마도 언젠가 아빠처럼 이 세상을 떠날 것이 두려워서 미칠 듯이 사랑하고 행복해지려고 노력하고 있어. 남들처럼 멋진 레스토랑에서 외식을 못하고, 백화점에서 이 옷 저 옷 고르지 못해도 괜찮아. 그냥 만 원짜리 시장 통닭을 포장해 와 집에서 나눠먹는 것만으로도, 나를 생각해서 역계절 80퍼센트 세일로 여름에 패딩점퍼를 사 오시는 엄마가 있다는 사실만으로도 행복하니까. 언젠가는 내가 꼭 성공해서 엄마한테 햇볕이 들어오는 집을 사줄 거니까."

이 말을 듣고 눈물이 났습니다. 아니, 눈물이 제멋대로 흘렀습니다. 어떤 위로의 말도 생각나지 않았습니다. 가난을 안고 살기에는 이 친구가 품을 행복이 너무나 컸습니다. 경제적 독립은 아니어도 정신적으로 독립한 이 친구의 성숙함에서 배울 점이 한두 가지가 아니었지요. 또 한 번 생각의 나이와 육체의 나이는 별개라는 사실을 느끼게 된 일이었습니다.

생각의 나이를 키운다는 것

저는 이 표현을 잘 구분해서 써야 한다고 생각합니다. 정말 어른스러운 것과 어른인 척 하는 '애늙은이'는 완전히 다르니까요. 애늙은이의 뜻을 사전에서 찾아보면 이렇게 되어 있습니다.

'생김새나 행동이 나이가 든 사람 같은 아이를 놀림조로 이르는 말'

우리나라 사람들은 나이가 자신보다 한 살이라도 어린 사람이면 다 자기 아래로 보는 경향이 있습니다. 그래서 우리는 고등학생이 되면 "아직 고등학생인데 뭘 알고 저러겠어"라는 말을, 대학생이 되면 "스무 살이면 아직 애기지"라는 말을 듣게 되지요. 취직을 해도 "사회 초년생이니 잘 모를 수 있지, 이해해주자고"라는 말을 듣게 되겠지요. 저는 권위의식과 마찬가지로 이런 수직적인 마인드가 싫습니다. 나이가 어린 사람의 말은 어딘가 동의할 수 없을 것 같다는 생각, 들어도 별 도움이 되지 않을 것 같다는 생각을 하는 사람들이 싫습니다.

저라도 그런 편견을 깨려고 하다보니 친구의 범위가 넓어지더군요. 단지 나이가 같은 사람만을 친구로 사귀는 것이 아니라 인간 대 인간으로서 생각의 나이가 비슷한 사람과 지내다보면, 몇 살 어린 친구들과도 혹은 나이 많은 선배들과도 친구로 지낼 수 있습니다. 나이가 어려도 의견을 끝까지 듣고 어떤 가치관을 가지고 있는지 잘 살펴본다면 훌륭한 학생들이 정말 많습니다. 한국사를 가르치는 설민석 강사가 방송에서 이런 말을 한 적이 있습니다.

"많은 어른들이 지금의 청소년들을 나무랍니다. '넌 공부도 안 하고 게임밖에 모르냐, 유관순은 네 나이 때에 나라를 구했어'라고 말합니다. 하지만 전 절대 그렇게 생각하지 않습니다. 영웅은 난세에 탄생해요. 지금은 평시니까 귀여운 여고생의 모습으로 그들이 보이지만, 우리는 하루에도 수십 차례씩 유관순을 지나쳐 보냅니다."

하고 싶은 말을 전부 할 필요는 없습니다. 하지만 여러분의 마음을 속이지는 마십시오. 억지로 어른스러운 척할 필요도 없습니다. 생각의 깊이가 나이와 비례하지는 않으니까요. 저는 여러분이 오늘은 철학자처럼 고뇌하고, 내일은 수학자처럼 연구하는 사람들임을 너무 잘 알고 있기에 여러분만의 가치관을 자신 있게 고수하라고 이야기하고 싶습니다. 나이는 숫자에 불과합니다. 물어보고, 배우고, 가르치는 것이 인생입니다. 아직 물어보고 배울 것들이 많은 나이지만 저는 분명 여러분에게도 배울 점이 많다는 사실을 알고 있

1장

당신의 인간관계는 어떤가요?

습니다.

묻고, 배우고, 가르치면서 생각의 나이를 키워가세요. 그래서 저는 늘 사람들에게 주변에 나이어린 스승과 나이 많은 스승을 함께 두라고 조언합니다. 젊음에서 나오는 순수함과 패기뿐만 아니라 연륜에서 나오는 경험과 노하우를 모두 받아들이라는 것이지요. 인생에서 앞선 사람, 이성적 사고가 뛰어난 사람만을 스승으로 두지 마세요. 세상에 모든 이가 배움이고 깨달음이고 스승입니다.

여러분, 생각의 나이는 육체와 달리 결코 늙지도 사라지지도 않습니다. 생각의 나이를 먹을수록 내면의 깊이가 끝없이 깊어진다는 사실을 잊지 마십시오.

진심을 담은 말은 언제 누구에게든 통한다

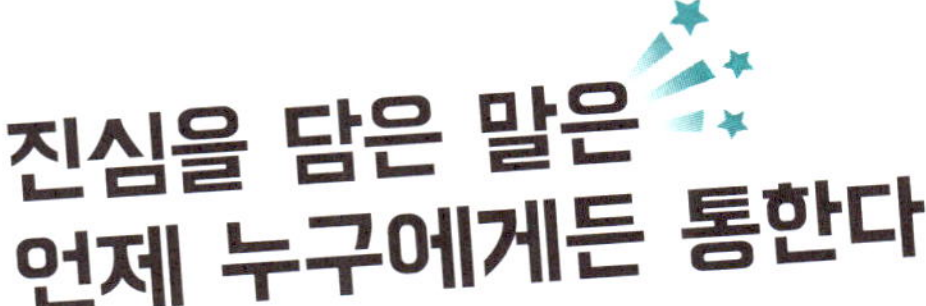

살면서 말을 할 수 없다면 어떨지 상상해보았나요? 아파도, 기뻐도, 슬퍼도 아무 말도 할 수 없다면 어떨까요? 정말 참혹할 것입니다. 그렇게 말은 중요합니다. 우리가 표현하려는 생각이나 감정 등을 말로든, 몸으로든 표현하지 못할 때 우리는 큰 고통을 느낍니다. 반대로 내면에서 끓어오르는 속마음을 적당히 표현하면 마음이 편해집니다. 때로는 상황에 따라 말을 돌려서 하기도 하고, 직설적으로 표출하기도 하지만, 늘 내 생각을 상대방에게 전달하고 싶어 하고 설득하고 싶어 합니다.

진심을 담은 말에서 진정성을 느끼는 이유

　훌륭한 내면을 가진 사람들은 말하는 기술도 다릅니다. 이에 대한 재미난 경험담을 하나 소개하겠습니다.

　친구와 함께 2주 동안 뉴욕에 배낭여행을 갔을 때의 일입니다. 뉴욕이 너무 맘에 들어서 여행 마지막 날이 되자 하루라도 더 있고 싶은 심정이었지요. 그날 밤 11시쯤 뉴욕 시내를 돌아다니는데 마음에 드는 신발을 파는 매장을 발견했습니다. 그런데 들어가려다 보니 마감준비를 하느라 문이 잠겨 있더군요. 꼭 사고 싶었던 신발이 있었던 제 친구는 계속 문 앞에서 그 신발을 쳐다보았고, 결국 그 모습을 지켜보던 여직원 한 분이 나와서 대화를 할 수 있었습니다.

　직원 : It's closing time, I'm sorry.

　친구 : Little time please. Today is last day in Newyork. Tomorrow we go back to Korea.

　여기까지는 아무 문제가 없었습니다. 그런데 그 친구는 매장 직원에게 뉴욕에 계속 남아있고 싶다는 마음을 전달하고 싶었습니다. 하지만 영어에 능숙하지 않다보니 마음보다 말이 먼저 나가고 말았지요.

　친구 : I want your life.

직원 : Really? I love Korea! I want to go to Korea!

사실 어려운 말이 아니었습니다. 'I want to stay more in Newyork' 정도의 표현은 요즘 중학생도 가능한 수준이니까요. 하지만 막상 상황이 닥치면 생각처럼 툭툭 원하는 문장이 튀어나오지 않잖아요. 그런데 여기서 중요한 사실은 제 친구가 한 말의 의도를 그 직원이 아주 정확하게 알아들었다는 것입니다. 별 일 아닐 수도 있지만 저에게는 민감하게 반응할 만한 사건이었습니다.

말에는 크게 3가지 중요한 요소가 있다고 생각합니다. 첫째 논리(Logic), 둘째 톤(Tone), 셋째 무게(Weight)이지요. 저는 이 중에서 '무게'가 가장 중요하다고 생각합니다. 말의 무게를 느끼면 '진정성'을 알 수 있기 때문이지요. 그리고 그 '진정성'이 그 사람의 내면의 깊이를 보여주기 때문입니다. 논리나 톤은 상대방의 다음을 움직이는 데 있어서 결정적인 영향을 미치지는 못합니다.

위의 사례에서 제 친구가 한 'I want your life'라는 말은 상황상 논리적이지도 못하고, 시끄러운 길거리에서 대화를 나누었기 때문에 톤도 크게 중요하지 않았습니다. 그런데도 매장 직원이 정확히 알아들은 이유는 그 문장의 무게를 재보았기 때문입니다. 진정성을 느낀 것이지요.

파란색만의 특유의 푸른 매력은 다른 색들이 흉내조차 낼 수 없습니다. 붉은색만의 열정적이고 타오르는 느낌은 검은색이나 노란

색이 절대 낼 수 없지요. 세상 모든 색은 각기 다른 매력을 가지고 있습니다. 말의 무게 또한 같은 맥락이라고 생각합니다. 나만의 목소리를 낸다는 것은 자신만 낼 수 있는 '소리'를 의미하지 않습니다. 나만의 '무게', 즉 나만의 색이 담긴 목소리를 의미합니다. 조곤조곤 이야기해도 무릎을 탁 치게 하는 사람이 있는 반면, 쩌렁쩌렁 크게 이야기해도 귀에 잘 들어오지 않는 사람이 있습니다. 회의를 해도 많은 의견을 생각나는 대로 내뱉는 사람이 있는 반면, 딱 한 마디로 회의실 전체를 고요하게 만드는 능력을 지닌 사람이 있는 것처럼 말이지요. 말의 무게는 이렇듯 무시할 수 없습니다.

말을 디자인하는 방법

오래전 뉴스에서 말의 무게의 중요성을 극단적으로 보여주는 기사를 본 적이 있습니다.

"대면보고가 그렇게 중요하다고 생각하시면 좀 더 늘려나가는 방향으로 하겠습니다만, 그게 필요하다고 생각하세요?"

2015년 1월 신년 기자회견에서 박근혜 전 대통령이 한 말입니다. 저는 깜짝 놀랐습니다. '말의 무게'를 이해하지 못한 사람이 아니고서는 도저히 납득할 수 없는 말이었지요. 이어 "전화나 이메일처럼 편한 의사소통 방법이 있는데"라고 덧붙입니다. 어쩌면 국정

농단 상황을 만든 원인은 대면보고가 사라져서가 아닐까 하는 생각이 들 정도였습니다.

이처럼 한 문장만으로도 말의 무게를 느낄 수 있습니다. 그리고 그 무게로 '말의 깊이'를 잴 수 있고, '내면의 깊이'까지 어느 정도 추측이 가능하지요. 앞서 '본질'에 대해 이야기할 대 '진심(=진정성)이 사람의 마음을 움직인다, 본질을 알려면 원점으로 돌아가야 한다'라고 했듯이, 내면의 깊이는 진심과 깊은 관계가 있습니다. 따라서 누군가에게 말을 하기 전에는 항상 그 말을 디자인해야 합니다. 말을 어떻게 디자인하느냐고요? 정확하게는 '생각을 디자인'하는 것입니다. 이렇게 다듬은 생각을 말로 표현하는 순간 진심이 보입니다.

몇 해 전 아버지 생신 때였습니다. 그 일주일 전부터 저는 어떤 선물을 준비할지 곰곰이 생각했었습니다. 그때 만일 제가 '다음 주가 아버지 생신이니까 백화점에서 벨트나 하나 사드려야겠다' 하고 생각했다면, 이것은 디자인된 생각이 아닙니다. 디자인된 생각이라면 이래야 하지요.

'아버지에게 지금 의미 있는 선물이 뭐가 있을까? 아버지의 유일한 취미는 골프니까 골프웨어가 좋겠어. 요즘 아버지가 좀 춥게 입고 다니시던데 아우터를 선물해 드리자. 어떤 브랜드가 좋을까? 타이틀리스트는 너무 젊은 층을 위한 디자인이네. 아버지의 평소 스타일을 고려해봤을 때, 복잡한 패턴이 그려진 언더 아머보다는 조금 단정한 느낌을 주는 캘러웨이에서 구매해야겠어.

만약에 제가 대충 고른 벨트를 사와서 "아빠, 생신 축하드려요! 벨트 하나 사왔습니다"라고 한다면 그다지 무게가 느껴지지 않았을 것입니다. 하지만 고민해서 고른 선물을 드리면서 "아빠, 생신 축하드려요! 아빠 스타일을 고려해서 캘러웨이 아우터를 사왔어요. 요즘 너무 춥게 입고 다니시는 거 같아서요"라고 한다면 말에 무게가 실리겠지요. 별 일 아닐 수 있지만 이런 데 행복이 있습니다.

따라서 만일 여러분의 친구가 "엄마 생일선물을 사려고 하는데 추천 좀 해줘"라고 조언을 구했다면, 이것은 민감하게 반응해야 할 문제입니다. 물론 선물 자체에 의미가 있을 수 있지만, 선물을 준비하는 과정에 진심이 담기지 않는다면 선물에도 큰 의미가 없을 테니까요.

가령 노래를 부를 때도 마찬가지입니다. 요즘 오디션 프로에는 모창을 하는 참가자가 없습니다. 최대한 원곡자가 생각이 나지 않도록 자기만의 스타일대로 편곡해서 부르지요. 음악을 하는 사람들이 대부분 감성적인 이유도 여기에 있습니다. 나만의 목소리로 진심을 전하는 느낌을 알고 있으니까요.

이렇게 생각을 디자인하고 그것을 말로 전달해보십시오. 그게 '여러분만의 목소리'가 되는 것입니다. 처음부터 잘 다듬어지지는 않겠지만 최대한 둥글게 둥글게 만들면 됩니다. 어색해도 티가 납니다. '내가 이렇게 당신을 생각하고 있다'라는 마음의 티가 난다는 것이지요. 아무 말도 아닌 말에 진심을 담으면 아무 일도 아닌 일이 행복하게 느껴집니다. 매일 설거지하는 어머니에게 "오늘은 제가

해드릴게요, 엄마는 조금 쉬세요"라고 말해 보세요. 일하고 돌아오신 아버지에게 "힘드셨죠, 제가 어깨라도 주물러 드릴게요"라고 말해 보세요. 어색하고 부끄러워서 마음 한 편에 묻어두었던 그 진심을 꺼내 보세요. 집안의 공기가 달라집니다. 삶의 풍요로움이 달라집니다. 인생에서의 정말 찬란한 순간은 이런 소소한 순간들이 모여서 나타나는 것입니다.

해외여행에서의 황홀한 추억, 멋진 경험이지요. 친구들과의 수련회도 좋은 추억입니다. 하지만 정말 기억 속에 오래 남는 것은 매우 사소하지만 감동적인 순간들입니다. 왜 그럴까요? 그것들이 진심을 표현한 순간이기 때문입니다. 말을 디자인하고 말에 무게를 실음으로써 쌓이는 작은 추억들이 모두 여러분에게 좋은 경험이자 배움이 될 것입니다. 그만큼 여러분의 내면도 깊어질 것입니다.

진정한 라이프 코칭의 의미

1부에서 따뜻한 사람이 되기 위해, 내면의 깊이를 키우기 위해 소개한 모든 방법들을 어떻게 이해하고 받아들일지는 온전히 여러분의 몫입니다. 하지만 그것들을 머리로 이해하는 것과 실제로 실행하는 것은 전혀 다른 차원의 문제입니다. '앎'을 '행'으로 실천하지 않으면 '알지 못함'과 다를 바가 없기 때문이지요. 누군가 대신해줄 수는 없으므로 여러분 스스로 조금씩 노력하고 단단해져야 합니다.

저는 지금의 10, 20대가 충분히 똑똑하고, 때로는 기성세대보다 깊은 생각을 하기도 하며, 현명한 판단을 내릴 수 있는 결단력을 가지고 있다고 생각합니다. 다만 저는 여러분이 좀 더 강한 내면을 가졌으면 합니다. 라이프 코칭에는 정답이 없습니다. 위인의 삶을 다

룬 책도, 훌륭한 CEO가 쓴 책도, 저명한 교수의 자기계발서도 그리고 제 책 역시 옳은 삶의 표본이라고 단언할 수 없습니다. 자기계발서를 읽지 않는 사람들에게 그 이유를 물으면 대부분 이렇게 대답합니다.

"그 사람은 그 사람일 뿐이잖아요. 내가 그 책을 읽는다고 그 사람처럼 되지도 않을 텐데 읽어봐야 무슨 소용이 있겠어요. 남의 삶에 대해 배우고 그것들을 따라갈 필요가 있나요?"

맞습니다. 그 사람은 그 사람일 뿐이고 나는 나일 뿐이지요. 그럼에도 불구하고 많은 사람들이 자기계발서를 쓰고, 그 책들을 독자들이 꾸준히 찾는 이유는 무엇일까요? 자기계발서는 '내 방법이 최고니까 나처럼 살아라!'라는 의미를 전달하는 책이 아닙니다. 그 안에서 자신이 받아들일 방식이 있다면 받아들이고, 그 방식을 자기만의 방식으로 새롭게 만들어나가는 데 의미가 있는 것이지요. 라이프 코칭을 이해하는 옳은 방식 역시 다른 사람들의 노하우를 나만의 방식대로 이해하고 실천하는 데 있습니다. 그 방식이 더욱 개선되어 또 한 권의 책으로 쓰인다면 그만한 라이프 코칭이 없겠지요.

많은 책을 읽었다고 해서 변하는 것도 아니고, 단 한 권의 책을 읽었다고 해서 변할 수 없는 것도 아닙니다. 가장 좋은 라이프 코칭은 변하겠다는 '결심'을 심어주는 데 있다고 생각합니다. 결심을 한다는 것은 만물을 새롭게 바라보는 출발점이 됩니다. 제가 이 책에서 하는 이야기도 누구에게는 뻔하게 들릴 수 있으며, 누구에게는 처음 듣는 것일 수 있습니다. 어차피 인생에 '새로운 것'은 없습

니다. '새롭게 느끼는 것'이 있을 뿐이지요. 똑같은 명언이라도 오늘 본 느낌과 일 년 후에 보는 느낌이 다른 것처럼 말입니다.

많은 책도, 훌륭한 경력도, 멋진 경험도 사람을 변하게 하는 결정적인 요인은 아닙니다. 아무것도 아닌 경험이지만, 별 의미 없을 수 있는 단 한 권의 소설책이지만, 혹은 다른 무엇이라도 그것을 통해 '내가 더 나은 사람이 되겠다'라는 '결심'을 갖게 해주었다면 그것이 진정한 라이프 코칭인 것입니다.

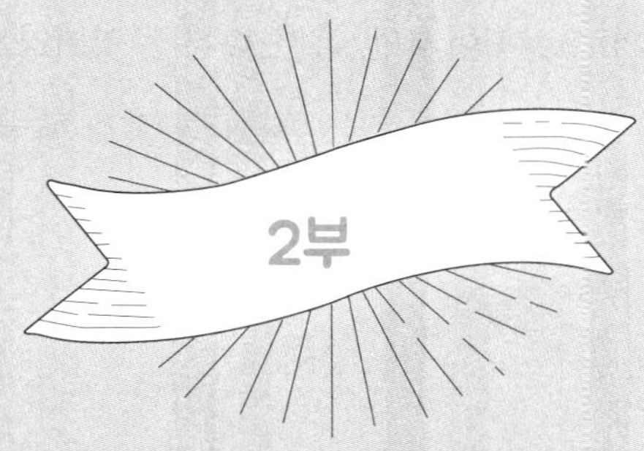

사람과의 만남이
행복해지는 비결

삶은 비즈니스가 아닙니다. 어떤 이익을 챙기기 위해 혹은 어떤 대가를 받기 위해 진심을 숨기고 관계를 맺고 있지는 않은지 스스로에게 물어보아야 합니다. 그래서 진심이 중요합니다. 친하든 아니든 심지어 처음 보는 사람에게도 진심을 표현하는 용기를 가져야 합니다. 내가 상대방을 위로해주고 함께 울어주었다면, 나 역시 상대방에게서 그런 진심을 느낄 수 있어야 합니다.

성격은 변하고, 매일 변한다

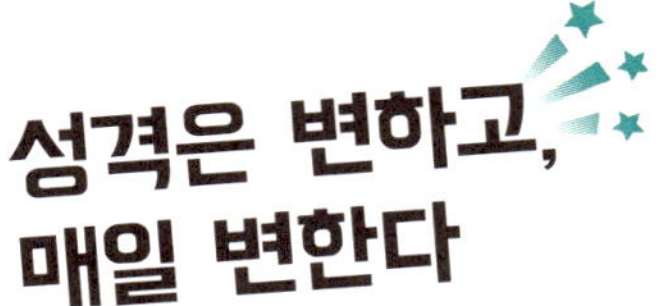

　여러분의 인간관계는 어떤가요? 누구에게나 인간관계에 대한 고민은 있습니다. 내 성격에 대한 고민부터, 친구와의 관계, 부모와의 관계, 혹은 애인과의 관계에 대한 고민을 가지고 살아가지요. 이런 고민들이 잘 풀리지 않아서 뫼비우스의 띠처럼 늘 같은 맥락의 고민을 하곤 합니다. 때로는 아픔을 감수하며 억지로 관계를 유지하기도 하고, 때로는 풀리지 않는 실뭉치를 잘라내듯 관계를 끊어버리기도 합니다.

　이런 고민이 10, 20대에게만 있지는 않습니다. 카페에서 어머니들끼리 나누는 대화에서도 "걔는 참 성격이 못 됐네"부터 "내 친구 남편은 성격이 괴팍해서 이런저런 걱정이 많다고 하더라" 등의 말이 오가곤 하지요. 누구든 인간관계에 대해 고민하고, 상처 받고, 때로는 상처를 주면서 살아가고 있습니다.

앞서 1부에서는 '앞으로 어떻게 해야 행복할까'를 생각해보았습니다. 인간관계에 있어서도 우리는 '앞으로 어떤 인간관계를 만들어야 행복할까'에 초점을 맞추어야 합니다. 지금부터 좋은 인간관계를 위해서 어떤 성격을 가져야 하는지, 우리가 어떤 생각으로 사람들과 관계를 맺어야 하는지에 대해 생각해보겠습니다.

우리가 좋은 성격이 될 수 없는 이유

"너는 왜 그렇게 이기적이야? 왜 너밖에 생각할 줄 모르니! 이 정도로 말했는데 못 고치는 거 보면 너는 죽을 때까지 그 성격 못 고칠 거야."

저는 이런 말을 수없이 들어왔습니다. 제가 보기에도 저는 좋은 인간관계를 쌓기에는 형편없는 성격이었지요. 이기적인 성격 탓에 뒤에서 욕도 참 많이 들었지만 잘 고쳐지지 않았습니다. 저뿐만 아니라 많은 사람들이 성격에 대한 고민이 있습니다. 어떤 이는 소심한 성격이 고민이고, 다른 이는 화를 쉽게 내는 성격이 고민입니다. 이렇게 우리는 각기 다른 얼굴을 가졌듯 각기 다른 성격을 가지고 있고, 그에 따른 고민이 있습니다.

그런데 한번 생각해보세요. 만약 우리 모두가 누구나 인정할 만한 '좋은 성격'을 가지고 있다면 사회가 조화를 이루며 발전할 수 있을까요? 아마 그렇지는 않을 것입니다.

자신의 야망만 생각하며 살아가는 이기적인 사람을 보고 우리는 눈살을 찌푸릴 때가 있습니다. 반대로 항상 남에게 양보하며 헌신하는 친구는 오히려 바보 소리를 듣곤 하지요. 하지만 때로는 야망만 생각했던 친구가 큰 기업을 이루어서 사회에 혁신적인 변화를 만들어내기도 합니다. 남에게 퍼주기를 일삼고 양보만 하던 친구가 봉사단체를 이끌며 세상에 따뜻함을 전하기도 하지요. 이렇게 보면 어떤 성격이 '좋은 성격'이라고 판단하기가 힘들어집니다.

'이런 성격이 좋은 성격'이라는 명확한 정의는 없습니다. 각자의 기준이 다르기 때문이지요. 소심한 친구는 자신의 소심함만 극복하면 그것이 최고의 성격이라고 생각합니다. 화를 자주 내는 친구는 다혈질적인 성격만 고치면 자기만한 성격이 없을 것이라고 생각하겠지요. 이처럼 스스로 규정한 '좋은 성격'은 있지만 그것에 영원히 다가가지는 못합니다. 왜 그럴까요?

우리가 주로 자신의 단점을 이해해주는 사람과 깊은 관계를 맺으려 하기 때문입니다. 반대로 보면, 다혈질인 내 성격을 이해해주지 않는 사람과는 깊은 관계를 맺으려 하지 않는 것이지요. 정확하게는 깊은 관계를 '피하며' 살아갑니다. 당장은 이런 관계가 편할 수 있습니다. 하지만 결국에는 자신의 성격으로 인해 그나마 관계를 맺고 있던 사람들마저 하나둘 떠나가게 됩니다. 그러고 나서야 우리는 스스로의 성격에 대해 심각하게 고민을 하게 되지요.

성격을 리딩하는 방법

성격은 분명 변합니다. 아니, 성격은 매일 변합니다. 매일 바뀌는 날씨처럼 우리에게도 매일 다른 성격이 나타납니다. 자신도 모르게 때로는 침착한 사람이 되기도 하며, 때로는 화를 못 이겨 다혈질적인 사람이 되기도 하지요. 이렇게 변하는 이유는 우리가 항상 좋은 성격을 만들기 위해 노력하고 있기 때문입니다. 우리 모두가 마음속에 더 나은 인격체로 인정받고 싶고, 더 나은 인간관계를 만들고 싶다는 생각을 품고 있기 때문이지요. 그렇다고 성격이라는 것이 그저 '오늘부터 변해야겠다!'라고 해서 하루아침어 변하지는 않습니다. 저는 일상적인 인간관계에서부터 대화에 임하는 사고방식을 바꾸어야 조금씩 좋은 성격이 만들어진다고 생각합니다.

같은 그룹이라도 상황에 따라 다른 리더가 필요할 때가 있습니다. 긴급하게 무언가를 결정해야 하는 상황에서는 결단력 있고 대담한 리더가 필요할 수 있으며, 상황이 좋을 때는 침착하고 온유한 성격의 리더가 필요하기도 합니다. 그러니 같은 사람이 항상 '훌륭한 리더'라는 평가를 받기는 힘들겠지요. 성격도 마찬가지입니다. 내 인생에서는 내 자신이 리더입니다. 만일 우리가 인간관계에 있어서 그때그때 처한 상황에 필요한 사고방식을 발휘할 수 있다면 그것이 바로 '좋은 성격'이 되겠지요. 물론 단기간에 이런 성격을 갖출 수는 없으므로, 지금부터 소개하는 내용들을 참고해서 꾸준히 그런 성격을 갖추도록 노력해야 합니다.

목적론적 사고방식을 익혀라

어느 날 제 친구가 만나자마자 화난 표정으로 이렇게 말하더군요.

"나 지금 기분이 굉장히 안 좋아. 진짜 누가 건드리면 때릴지도 몰라."

이런 식으로 이야기하면 그날은 자연스럽게 친구의 기분에 맞춰주게 됩니다. 물론 친한 친구이니까 그 정도는 충분히 해줄 수 있습니다. 하지만 이런 상황은 문제가 있는 것입니다. 친구가 화난 상황을 고려해 그 기분에 맞춰주는 것은 좋습니다. 하지만 그것은 내가 선택할 일이지 친구가 요구할 문제는 아닙니다. 솔직히 그때 친구의 말이 저에게는 이런 의미로밖에 들리지 않았습니다.

'오늘은 내가 기분이 안 좋으니까 네가 나한테 맞춰!'

원인론적 가치관 대 목적론적 가치관

자신의 감정을 이용하는 순간 인간은 끊임없이 이기적으로 변합니다. 요즘 10,20대들은 밖에서 기분 나쁘거나 화나는 일이 있으면 마치 사회에 큰 불만이라도 있는 사람처럼 잔뜩 찌푸린 표정으로 집에 들어옵니다. 모든 일상을 짜증으로 대하고, 주변 사람들 기분까지 안 좋아지게 할 때가 많지요. 이런 식으로 감정을 이용하는 사람들은 그것을 '권력'으로 생각합니다. 때로는 그 권력으로 원하는 것을 얻어내기도 하며 타인을 조종하기도 하지요.

가령 한 아이가 장난감가게에서 부모가 장난감을 사주지 않는다고 울상을 짓고 있습니다. 아이는 결국 가게 바닥에 드러누워 울기 시작합니다. 부모는 주위에 민폐가 될까 조마조마해 하다가 결국 아이에게 장난감을 사줍니다.

이때 아이가 우는 이유는 2가지로 생각해볼 수 있습니다. 장난감을 사주지 않았다는 '원인' 때문에 우는 것일 수도 있고, 장난감을 사달라는 '목적'을 위해 우는 것일 수도 있습니다. 이 2가지 중 어떤 방향으로 생각하느냐에 따라 큰 차이가 생기게 됩니다.

만일 아이가 원인론적 이유로 울었다면 아이의 입장에서 부모의 위치가 변하게 됩니다. 즉, 부모가 장난감을 사주더라도 아이의 머릿속에는 부모의 위치가 '장난감을 잘 사주지 않는 사람'이 되는 것이지요. 사실 우리 성격도 대부분 이런 원인론적인 가치관에 영향을 많이 받습니다. 예를 들면 '나는 키가 작게 태어났으니까 여자 친구가 없는 것이다', '어렸을 때 다른 친구들보다 좋은 사교육을 받지 못해 지금 공부를 못하는 것이다'라고 생각하는 식이지요. 즉, 과거의 환경이 지금의 나를 만들었다고 생각하면서, 늘 과거를 탓하며 이상한 합리화를 해댑니다. 이런 사고방식으로는 절대 성격을 변화시키지 못합니다.

이번에는 목적론적으로 생각해보겠습니다. 즉, 아이가 우는 이유가 장난감을 사달라는 목적에 있다고 보는 것이지요. 이 경우에는 아이 입장에서 부모의 위치가 어떻게 변할까요? 장난감을 사준 순간 아이에게 부모는 자신의 목적을 이루어준, '장난감을 사준 사람'이 됩니다. 원인론적 이유로 보았을 때 '장난감을 잘 사주지 않는 사람'과는 완전히 다른 결과를 낳는 것이지요.

또 다른 사례로 원인론적 가치관과 목적론적 가치관의 차이를 비교해볼까요? 학교생활을 하는데 친구가 별로 없어서 고민인 학생이 있습니다. 소심한 성격 탓에 밥도 혼자 먹고 등하교도 혼자 하는 생활이 너무 외롭다고 생각합니다. 하지만 밥을 혼자 먹고 등하교를 혼자 하는 생활을 '소심함'으로 합리화할 수는 없습니다. 성격이 적극적이고 활발한 사람도 주위에 친구가 없는 경우가 많으니까요. 결국 소심하다는 핑계가 자신에게 친구가 없는 상황을 당연하다고 생각하게 만든 것입니다.

목적론적 사고방식이 성격을 변화시키는 이유

이런 식의 원인론적 사고방식으로는 성격을 변화시킬 수 없습니다. 우리는 늘 '목적'을 위해 움직입니다. 제가 성격이 매일 변한다고 한 이유 또한 여기에 있습니다. 목적이 늘 변하기 때문이지요. 스스로 소심하다고 생각하는 사람도 간절하게 원하는 것이 있을 때는 적극적인 모습을 보이기도 합니다. 그러다가도 자신이 소심했을 때가 더 편했다는 생각이 들어서 늘 소심하고 싶어 하는 것입니다. 누군가 "너는 왜 이렇게 친구가 없어?"라고 물었을 때 "소심한 성격 때문에 그런 거 같아요"라고 말하면 모두가 이해해주기 때문이지요. 변화가 두려운 것입니다. 상대방을 이해시켰다고 생각한 순간 거기에 머무르게 되는 것이지요.

소심한 성격 탓에 친구가 없는 상황이 고민이라면 소심한데도 친구가 많은 사람들을 한 번 유심히 관찰해보세요. 그런 사람들은 때로는 소심함을 이기고 자신 있게 할 말을 하기도 하며, 자연스럽게 친구들 무리에 합류하려는 용기를 내기도 합니다. 성격은 이렇게 조금씩 변하는 것입니다.

반면에 목적론적으로 생각해보면 자신이 무엇을 해야 할지 알 수 있습니다. 내가 소심한 성격을 이용해서 나 자신을 포함해 다른 사람들을 이해시키고 있지는 않은지, 화를 조절하지 못한다는 이유(핑계)로 친구들을 조종하거나 이용하고 있지는 않은지 늘 생각해보아야 합니다. 이렇게 생각해보면 자신의 성격이 뚜렷하게 보이고, 어떤 행동이 필요한지를 알 수 있습니다. 나와 상대방을 동시에 생각하는 사고방식이지요. 좋은 인간관계를 위해서는 늘 이런 쌍방향적인 사고방식이 필요합니다.

성격은 대화가 시작된 순간 태도나 말로 나타나기 마련입니다. 어떤 행동이나 말을 하기 전에 스스로에게 '목적이 무엇인지' 물어보세요. 사소한 일상에서부터 이런 습관을 들여야 합니다. 가령 친구와 놀고 싶을 때 요즘 10,20대들의 대화는 대개 이렇게 이루어집니다.

"뭐해?"

"왜?"

"그냥 난 심심한데 넌 뭐하나 해서."

"놀자고?"

좀 이상하지 않나요? 처음부터 "야, 놀자"라고 안 합니다. 이 대화도 원인론적 사고로 본다면 자신이 심심하다는 상태를 친구에게 알림으로써 "놀자고?"라는 말을 유도한 것입니다. 이런 경우 친구에게 '뭐해?'라고 하기 전에 왜 그렇게 말하려고 했는지 물어보세요. 그럼 '심심해서'라는 '원인' 때문이 아니라 '놀고 싶어서'라는 '목적' 때문임을 알게 됩니다. 친구와 놀고 싶은 것이 목적이라면 그냥 처음부터 '놀고싶다'라고 말하면 되는 것이지요. 이런 작은 사고의 차이가 성격을 바꿉니다.

물론 원인론적 사고와 목적론적 사고 중 어느 것이 정답이라고 단정할 수는 없습니다. 사회문제나 특별한 현상에 대해서는 원인론적으로 생각했을 때 더 이해가 쉬울 수 있으니까요. 하지만 성격에 있어서는 목적론적 사고방식이 더 건전하다고 할 수 있습니다. 스스로에게 목적을 물어본 순간 나보다는 상대방을 생각하게 되며, 이기적인 마음이 조금씩 사라집니다. 지금 내 성격이 과거의 환경이나 특별한 원인 때문에 만들어졌다는 생각은 버리세요.

말로 표현하라

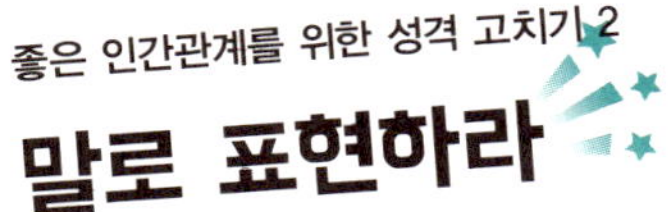

때로는 여러분의 생각을 상대방에게 말로 표현하지 못하고 눈치를 보거나 침묵한 적이 없나요? 인간관계에 있어서 말로 표현한다는 것은 굉장히 중요한 요소가 됩니다. 그런데 그 중요성이 언젠가부터 뒤로 밀려나기 시작했지요. 특히 요즘 10,20대들은 의사소통을 하는 데 있어서 상대방의 안색, 대화의 분위기, 목소리의 높낮이를 판단해서 말을 아끼는 데 익숙해져 있습니다.

'괜히 내가 이야기를 꺼냈다가 눈치 없다는 이야기를 들으면 어떡하지?'

'지금 나 때문에 분위기가 이렇게 된 건가?'

이런 생각 때문에 말하기를 망설이게 됩니다.

눈치는 약자들의 생존술?

　물론 의사소통을 할 때 상대방의 표정이나 말의 톤과 분위기 등 비언어적 요소들을 파악하는 것도 중요하기는 합니다. 하지만 그렇다고 해서 그런 비언어적 요소들이 말보다 확실하고 정확한 의사소통 방법이 될 수는 없습니다. 때로는 비언어적 의사소통으로 인해 상대방의 상황을 잘못 예측하기도 하며, 이 때문에 하지 말아야 될 행동을 함으로써 서로가 어색해지는 상황이 생기기도 합니다. 이런 사례를 하나 들어보겠습니다.

　요즘은 많이 사라졌지만 예전에는 '책거리'라는 문화가 있었습니다. 학원에서든 학교에서든 공부하던 책을 한 권 끝내면 그날만큼은 선생님과 학생들이 함께 영화를 보면서 맛있는 음식을 먹는 식이었지요. 한 번은 제가 중학생 때 다녔던 학원에서 이런 일이 있었습니다. 한 학생이 책거리를 하는 날이라고 생각했던 날 지각을 했습니다. 그 학생은 당연히 책거리를 하고 있을 것이라고 생각했지만 반 분위기가 차가웠습니다. 다들 선생님에게서 혼이라도 난 것처럼 쥐죽은 듯 고개를 숙이고 있었고, 선생님은 어두운 표정으로 침묵을 지키고 있었지요. 그 학생은 무슨 상황인지 알 수가 없어 조심스럽게 말을 꺼냈습니다.

학생 : 오늘… 책거리하는 날 아닌가요?

선생님 : 너는 눈치도 없이 이런 상황에서 그런 말이 나와?

왜 그런 말을 하면 안 될까요? 만일 "지금 혹시 무슨 일이 있었나요?"라고 물었어도 같은 대답이 나오지 않았을까요? 그럼 그 학생이 그냥 조용히 들어가서 자리에 앉아야만 했을까요? 그 학생은 조금 늦었고 어떤 상황인지 모릅니다. 하지만 평소대로라면 그날은 책거리를 하는 날이었고, 학생 입장에서는 '책거리를 하고 있겠지'라고 생각하는 것이 당연합니다. 물론 지각을 한 것은 학생의 잘못이 맞습니다. 하지만 눈치가 있든 없든 지금의 상황이 어떻든 어떤 학생이라도 위와 같이 말을 꺼내는 것이 옳은 판단이라고 생각합니다. 선생님은 상황을 모르는 학생에게 자세히 설명해주면 되고요. 말은 넙뒀다가 어디에 쓰는 것인가요?

그래서 저는 "너는 왜 그렇게 눈치가 없어?"라는 말이 싫습니다. 가장 권력적이며, 상대방을 조종하는 보이지 않는 무기가 '눈치'입니다. 어떤 사람들은 눈치가 약자들에게 가장 필요한 생존술이라고도 이야기합니다. 하지만 이것은 불합리한 세상을 인정하는 말입니다. 이런 사람들은 눈치를 불합리한 세상에서 가장 빛을 발하는 처세술이라고 생각하고 쉴 틈 없이 눈치를 보며 살아갑니다. 그렇다면 저는 이렇게 묻고 싶습니다.

'당신은 불합리한 세상에서 살고 싶나요?'

저는 살고 싶지 않습니다. 지금 세상이 이렇습니다. 사회에 나가면 이런 일들이 사방에서 빈번하게 일어납니다. 진실은 썩어 들어가고 상식과 합리성이라고는 눈곱만큼도 볼 수 없지요. 그냥 눈치 상 빠질 땐 빠지는 것이 현명한 사람이라고 평가받습니다. 강자들 은 끝까지 이기적이고 약자는 눈치를 보며 이곳저곳 피해 다니는 것이 이 사회의 구조입니다. 절대 말해주지 않습니다 그리고 이런 사람들은 절대 변할 생각이 없습니다.

묻고 저항할 권리

정확한 표현을 하자면, 이런 사회는 불행하기 짝이 없습니다. 저 는 말도 하지 못한 채 윗사람 생각 한 번 읽어보고 아니라고 생각 되면 그냥 들어가 앉아 있는, 그 보이지 않는 권력이 너무나 싫습 니다. 이렇게 눈치 보는 일상이 결국 사람을 버려 놓습니다. 나중에 비슷한 자리에 올라가면 결국 똑같은 행패를 부리게 만드니까요. 저는 지금의 10,20대들은 절대로 그래서는 안 된다고 생각했습니 다. 우리는 지금 같은 악순환이 반복되지 않도록 늘 물어보고 저항 해야 합니다. 그래야 이 사회도 변할 테니까요.

제 친구가 다니는 학교의 어떤 학과는 4학년 선배들의 졸업을 축 하하는 의미에서 저학년들에게서 매년 5만 원씩을 걷어 졸업반지 를 선물합니다. 이게 전통이래요. 전통이라고 포장해놓고 사실은 돈을 강요합니다. 그리고 그 돈의 내역을 투명하게 공개하지도 않 습니다. 더 심각한 문제는 모든 학생이 눈치만 보고 "저는 내기 싫 은데요"라는 말을 못한다는 것입니다. 그런데 시간이 흘러 막상 자신들이 졸업반이 되었을 때 한 저학년 학생이 용기 있게 의견을 냈습니다.

"동의하지 않는 저학년들도 많은데 이 전통에 대해 다시 투표로 결정하면 안 됩니까?"

그런데 과거에는 자신들도 비슷한 생각을 가졌던 선배들이 지금은 다들 안 된다고 말합니다. 자기들은 싫어도 3년간 5만 원씩 냈으니 이번 해까지는 전통을 유지하자는 것이지요. 웃기지 않나요? 사람이 이렇게 쉽게 이기적으로 변합니다. 막상 자신이 그 자리에 서니 똑같은 사람이 되어버리는 것이지요.

사람의 성격은 이렇게 조금씩 변해갑니다. 만일 그 '눈치 없는' 저학년 학생의 용기 있는 한 마디가 아니었다면 그 이상한 전통은 그 뒤로도 계속해서 이어졌겠지요. 우리는 무엇을 잘못했는지 인지할 때, 그리고 그 잘못을 서로 인정할 때 성격이 조금씩 변합니다. 그래서 '말'로 표현해야 합니다. 설사 알더라도 확실하게 한 번 더 물어도 됩니다. 남들이 다 침묵한다고 해서 꼭 따라갈 필요는 없습니다.

눈치를 완전히 버리자는 말이 아닙니다. 상황파악도 중요하고 상대방 기분을 어느 정도 파악하는 것도 중요하겠지요. 하지만 거기에 맞추려고 여러분의 마음을 숨기지는 말라는 말입니다. 좋은 인간관계를 위해서는 깍듯하지만 자신 있게 여러분의 생각이나 의견을 말로 표현해야 합니다.

관계를 깨뜨리는 침묵의 함정

말로 표현하지 못하고 속으로 앓는 사람들도 있습니다. 제 친구는 평소에 잘 챙겨주던 선배가 자신의 친한 동기에게 자기 욕을 했다는 이야기를 듣고 충격을 받았다고 합니다.

'아니, 평소에 술도 잘 사주고 친하게 지낸 선배가 어떻게 나한테 이럴 수 있어?'

이런 생각을 하면서 끙끙대더군요. 살다보면 이런 일이 자주 일어납니다. 누군가를 통해 어떤 사람이 자기 욕을 했다는 소리를 듣고 막상 그 사람을 만나면 어떻게 대해야 할지 몰라서 난감해 합니다.

'나한테 이 이야기를 전해준 동기 입장이 난처해지면 어쩌지?'

'괜히 그 이야기를 꺼냈다가 셋 다 사이가 어색해지면 어쩌지?'

이런저런 생각에 혼자서 말 못할 고통을 안고 갑니다. 하지만 이럴 때도 말로 표현해야 합니다. 동기에게서 들은 그 이야기가 진실인지 알 수 없으므로 확실히 진실을 규명하고 넘어가야 합니다. 진실은 많은 사람의 입을 거치면서 왜곡되고 과장되기 마련입니다. 평소에 잘해주던 선배가 내 욕을 했다는 사실이 이해가 되지 않는다면 이렇게 물어보면 됩니다.

"선배, 제가 동기에게서 선배가 제 욕을 했다는 이야기를 들었는데 사실인가요? 평소에 친하게 지냈던 선배가 이런 이야기를 했다는데 조금 섭섭하고 이해가 안 돼서요. 혹시 사실이고 저가 잘못한 게 있다면 고치고 평소처럼 형과 좋은 사이를 유지하고 싶어요."

그래야 마음이 편해집니다. 동기의 입장이 난처해지는 상황은 내가 걱정할 문제가 아닙니다. 동기가 거짓말을 하지 않았다면 말이지요. 이렇게 이야기해서 기분 나쁜 사람이 누가 있겠어요? 누군가가 잘못했다면 인정하고 고쳐야 하는 것이 옳은 일이며, 거짓이라면 진실을 규명하고 마음 편하게 다시 친하게 지내면 됩니다. 이래야 세상 사는 것이 편하고 인간관계가 편해집니다. 만나는 사람마다 찔리는 것이 있고, 뭔가 숨기는 것이 있어서 부담스러움을 느낀다면 어떻게 사람을 만나며 살아가겠습니까.

생각을 말로 표현해야 하는 이유

연인관계에서도 마찬가지입니다. 연인끼리는 서로의 마음을 다 알아주기를 바랍니다. 말하지 않아도 사랑하고 있음을 알아주기를 바라고, 말하지 않아도 서로 챙겨주기를 바라지요. 그러다 결국 조금이라도 그 알아주는 마음이 삐끗하는 순간 헤어집니다.

제 친구 중 한 명은 표현이 약간 서툽니다. 고마워도 고맙다는 말을 잘 못하고 칭찬도 서툴지요. 그래서 그런 성격을 미리 여자 친구에게 이야기했는데, 그런데도 여자 친구는 수시로 자기만 사랑한다는 표현을 하는 것 같다며 불평을 한다고 합니다. 여자 친구 입장에서는 자기가 "사랑해"라고 말해도 매번 "나도"라는 무뚝뚝한 반응만 돌아오니 섭섭했겠지요. 그러던 어느 날 그 친구가 저에게 이런 이야기를 꺼냈습니다.

"말은 하지 않지만 나는 사랑한다는 걸 충분히 표현했다고 생각했는데, 지금은 뭘 더 해줘야 하는지 모르겠어."

그냥 한 마디 해주면 됩니다. 여자 친구는 '나도'가 아니라 '나도, 사랑해'라는 한 마디를 바랐을 뿐이니까요. 그냥 다 알아도 표현해주길 원하는 것이지요. 왜냐고요? 여자 친구 입장에서는 들으면 그냥 기분이 좋아서 그렇습니다. 서툴더라도 그 어색한 표현을 듣고 싶은 것이지요. 그 어색함에 사랑이 묻어나니까요.

하지만 제 친구 입장에서는 이미 표현이 서툴다고 선전포고를 했으니까 다 이해해주리라 믿었고, 오히려 여자 친구가 그 믿음을 배신했다고 생각하는 것입니다. 100번 주고도 아쉬움이 남는 것이 사랑입니다. 다 주고도 부족하다고 느끼는 것이 사랑이잖아요. 어제 사랑한다고 말했으면 오늘은 말 못하는 것이 아니잖아요. 사랑은 표현에서 나옵니다. 어제도 사랑했고 오늘도 사랑한다면, 어제처럼 오늘도 사랑한다고 말해줄 수 있어야 연인 아닌가요?

연인과의 관계에서든, 친구와의 관계에서든, 부모님과의 관계에서든 말로 표현해야 서로의 진심을 이해할 수 있습니다. 우리는 신도, 점쟁이도 아닙니다. 눈치가 보여 말없이 뒤로 빠지지 마세요. 물어보고 나서 빠져야 할 자리라고 생각된다면 그때 빠져도 늦지 않으며, 그것이 잘못된 행동도 아닙니다.

눈치가 보여서 말하지 못 하는 것이 아니라 스스로 말하기 전에 눈치를 보는 것입니다. 그래서 저는 눈치 보는 사람보다 눈치 없는 사람을 더 좋아합니다. 늘 당당하게 여러분의 의견을 자신 있게 드러내세요. 눈치만 본다면 뭐가 잘못되었는지, 뭐가 옳은지 알 수조차 없습니다. 말로 표현하세요. 내 생각이 잘못되었다면 인정하고 고치면 되는 일이며, 옳다고 생각되면 끝까지 여러분의 가치관을 지켜야 합니다. 눈치만 보면서 지레 먼저 겁먹고 마음을 숨기지 마십시오.

분노조절, 참느냐 이해하느냐

세상을 살면서 늘 주변 사람들과 좋은 관계만 유지할 수는 없습니다. 때로는 하나뿐인 믿었던 친구가 배신을 하기도 하며, 사랑했던 연인이 하루아침에 변심하기도 합니다. 이렇게 정말 믿었던 누군가가 참을 수 없는 문제를 일으켰을 때 우리는 분노의 한계를 시험받게 됩니다.

타인의 행동에 분노하는 이유

특히 10, 20대들은 이런 분노의 기복이 굉장히 심합니다. 이미 몸과 마음이 피폐해진 상태에서 민감한 상황을 겪으면 이성적 사고를 잃고 감정에 지배당하게 됩니다. 이런 상황에 직면했을 때 대처할 수 있는 방법이 2가지 있습니다. 하나는 '바로 화내기'이고, 다른 하나는 '한 번은 참아주기'입니다. '이해하기'는 선택사항에 존재하지 않습니다. 간단한 상황을 예로 들어볼까요?

친구들과 축구를 하는데 우리 편이 한 골 뒤처진 상황입니다. 시간은 채 10분도 남지 않았습니다. 그런 상황에서 절호의 찬스가 왔습니다. 상대 팀 수비진은 전부 하프라인 넘어 우리 팀 진영에 있고, 우리 팀 공격수 2명과 상대 팀 골키퍼가 마주한 순간입니다. 이 상황에서 공을 잡은 공격수가 그냥 슛을 해버립니다. 공은 골대 근처에도 못가고 붕 떠서 공중으로 날아가 버렸지요. 그러자 경기가 끝난 후 함께 공격에 나섰던 선수가 버럭 화를 내며 말합니다.

"아니, 나한테 패스만 하면 골키퍼를 제치고 골을 넣을 수 있는 상황이었는데 도대체 왜 그런 거야? 다음부턴 그러지 말라고 말해주는 거야."

이 선수는 왜 화를 냈을까요? 골을 못 넣어서가 아닙니다. 자신이 생각한 플레이가 '정답'이라고 생각했기 때문입니다. '나라면 다른 공격수에게 패스를 해서 보장된 골을 만들었을 것'이라는 자신의 생각이 정답이라고 믿는 것이지요.

그게 정답 맞습니다. 다른 모든 선수들도 동의합니다. 하지만 경기가 '끝난 후'이므로 그 생각이 맞다는 것입니다. 이것은 인적 요소(예를 들면 그 사람의 상황, 환경, 심리 등)를 전부 배제한 이성적인 사고입니다. 만약 다른 선수가 그 상황에 있었다면 화를 낸 선수의 생각대로 플레이할 수 있었을까요? 한 골이 뒤처져 있고 시간은 채 10

분도 안 남은 상황, 프로선수도 아닌 아마추어 선수가 공을 받아 부담감을 안고 긴장한 상태에서 최고의 플레이를 보여주지 못한 것은 어쩌면 당연한 일인지 모릅니다.

208초로 평가받은 42년의 경력

〈설리; 허드슨 강의 기적〉이라는 영화는 인적 요소의 중요성을 잘 보여주고 있습니다. 비행기 조종사인 주인공 설리(톰 행크스)는 비행 역사상 가장 낮은 고도에서 새떼와 충돌하여 엔진 2개가 고장나는 상황에 맞닥뜨립니다. 설리는 어쩔 수 없이 승객 155명을 태운 채 허드슨 강에 불시착합니다. 208초라는 그 짧은 시간동안 설리는 현명한 판단으로 승객 전원이 생존하는 기적을 만들어냅니다. 설리는 자칫하면 대형 참사로 이어질 수 있었던 사그를 현명하게 대처함으로써 한 순간에 영웅이 됩니다.

하지만 연방교통안전위원회에서는 더 안전한 방법이 없었는지에 대한 시뮬레이션을 만들어서 설리에게 보여줍니다. 그 시뮬레이션은 설리가 사고 당시 허드슨 강에 불시착하지 않고 회항을 선택했다면 다른 공항에 안전하게 착륙할 수 있었다는 사실을 보여주고 있었습니다. 이것을 보고 난 설리는 이렇게 이야기합니다.

"시뮬레이션은 인적 요소를 고려하지 않았습니다."

조종사에게 새떼와 충돌했을 때를 대비하는 교육은 존재하지 않습니다. 그런데도 시뮬레이션에서의 조종사는 새떼와 충돌하자마자 조금의 당황한 기색도 없이 회항을 선택했던 것입니다. 설리는 시뮬레이션 조종사에게 인적 요소를 고려하는 시간 30초를 추가해달라고 요청합니다. 결과는 예상대로 대참사로 이어졌지요. 설리가 옳았던 것입니다. 설리는 자신이 당한 상황을 이렇게 표현합니다.

"42년간 비행했지만 단 208초로 내 평생의 경력을 평가받는군."

이해하기와 참아주기

앞서 사례로 든 그 공격수 역시 마찬가지입니다. 그 역시 90분간 경기를 뛰었지만 단 한 번의 슛으로 평가받게 되었지요. 상황이나 환경에 영향을 받지 않고 늘 최고의 판단을 내릴 수 있는 사람은 존재하지 않습니다. 따라서 어떤 사람의 생각이나 행동을 평가할 때는 그 사람의 상황, 환경, 심리를 충분히 고려해야 합니다. 그 선수에게 화를 낸 선수는 이런 인적 요소를 이해해주지 않았습니다. 단지 화를 내고 '다음부턴 그러지마'라며 한 번 참고 넘어갔을 뿐이지요.

참는 것과 이해하는 것은 분명히 다릅니다. 하지만 많은 10,20대들이 이 2가지 경우를 착각합니다. 지금 잠깐 화를 참고 눈감아주는 것이 착하고 이해심 많은 행동이라고 생각한다는 것이지요. 참는다는 것은 지금 손에 쥐고 있는 뜨거운 불덩이를 잠시 다른 손으로 옮기는 격입니다. 그러다 다른 손마저 뜨거워지면 결국 폭발하 겠지요.

만일 여러분이 누군가에게서 "내가 한 번만 더 참을게. 다음부턴 그러지마"라는 말을 들었다면 문제를 잘 짚고 넘어가야 합니다. 정 말 내가 잘못한 것이 맞는지, 아니면 나는 이게 옳다고 생각했지만 상대방이 이해하지 못한 것인지 말입니다. 상대방이 기분 나쁘다고 해서 여러분이 잘못한 것이 아니고, 반대로 입장이 바뀌었을 때도 마찬가지입니다. 이것을 분명히 짚고 넘어가야 관계에 금이 가지 않습니다. 동거동락하며 지낸 십년지기 룸메이트도 이런 작은 이해 심의 부족으로 결국 관계가 깨질 수 있습니다.

연인관계에서도 '이해하기'는 필수입니다. 바라던 대로 카리스마 있게 나를 잡아주는 남자를 만났는데 나중에는 너무 무뚝뚝해서 고 민이라고 합니다. 반대로 착하고 온순한 남자를 만나더니 이번에는 남자가 너무 우유부단하고 날카로운 면이 부족하다고 합니다. 원래 그런 사람인 것입니다. 그런 사람을 찾아 헤매다 만나놓고는 나중 에 보니 변한 것 같다고 합니다. 결국 참다못해 헤어지지요.

이렇게 서로를 이해하지 못하면 함께하기가 힘들어집니다. 카리 스마가 있으면서 착하고 온순한 남자도 있겠지요. 하지만 이런 사 고방식으로 그런 남자를 만난들 고민이 해결될까요? 아마 그때는 다른 문제로 똑똑하고 지적인 남자가 눈에 들어올지도 모릅니다.

역지사지와 타산지석

　제 옆집 아저씨는 전자제품이 고장 나면 절대 수리기사를 부르지 않습니다. 장비를 가져와서 혼자 뚝딱뚝딱 고치지요. 제 어머니는 그런 이야기를 듣더라도 아버지에게서 그런 모습을 기대하지 않습니다. 아버지만의 매력이 따로 있으니까요. 만약 어머니가 "옆집 남편은 뭔가 고장이 나면 뚝딱뚝딱 고치는데 자기는 왜 못 고쳐?"라고 한다면 문제가 있는 것입니다. 아버지는 원래 기계를 뚝딱뚝딱 고치지 못하는 사람이었으니까요. 어머니도 아버지의 그런 모습에 반해서 결혼을 결심하지는 않았을 테고요.

역지사지(易地思之)하고
타산지석(他山之石)하라

　제가 사람을 만날 때마다 생각하는 말입니다. 상대방을 이해하기 위해서는 늘 상황을 되짚어보는 습관을 가져야 합니다. 역지사지(易地思之)는 다른 사람의 처지를 한 번 생각해보라는 뜻입니다. 타산지석(他山之石)은 다른 산에서 나는 거친 돌이라도 숫돌로 쓰면 자신의 옥을 갈 수 있다는 뜻이지요. 화가 날 때마다 '내가 저 상황에서 저 사람이었다면 과연 어떻게 했을지'를 한 번 생각해보세요. 그런 생각을 통해 상대방의 판단을 이해하려 노력하고, 만일 그 사람의 생각이 옳다고 판단되면 배우면 되는 것입니다.

욕과 뒷담화로 인격을 깎아먹지 마라

굳이 다른 사람들 앞에서 안 해도 될 말이나 행동을 해가며 상대방을 망신 주는 사람이 있습니다. 다른 사람을 깎아내리는 행위가 자신의 위상을 높여준다고 착각하기 때문이지요. 이런 사람들은 대부분 자존감이 굉장히 낮습니다. 항상 대화의 중심이 자신이기를 바라고 남을 깎아내려서라도 '나의 화제'로 대화가 진행되기를 원합니다. 그런데 막상 자기 이야기만으로 대화를 이끌어가는 능력이 부족하다보니 남의 이야기를 꺼내는 것입니다.

그런데 왜 하필 험담일까요? 웃기려는 것이지요. 그런 이야기를 사람들이 재밌어 하니까 누가 어디에서 망신당한 이야기, 누군가 성격 때문에 망신당한 이야기 등 당사자가 함께 듣기 부끄러울 정도로 그 사람을 깎아내립니다.

인간관계를 망치는 지름길

누구나 실수를 하고 때로는 망신도 당하며 살아갑니다. 다른 사람의 하나뿐인 망신당한 이야기나 실수한 이야기를 굳이 꺼내가며 욕하는 사람은 사실 가장 불쌍한 사람입니다. 다른 사람의 단점이나 실수가 잘 보인다는 것은 자신에게도 그런 단점이나 실수가 있다는 사실을 의미하기 때문이지요. 결국 다른 사람을 많이 깎아내리는 사람일수록 스스로의 단점과 실수가 많다는 사실을 인정하는 꼴이 됩니다.

다른 사람을 보는 것은 자기 자신을 거울에 비춰보는 것과 같습니다. 여자든 남자든 거울에 비친 자신의 잘생긴 부분은 다 놓아두고 얼굴에 난 작은 여드름 하나에만 눈길을 줍니다. 진한 눈썹, 오똑한 코, 가지런한 치아는 쳐다보지도 않지요. 마찬가지로 다른 사람을 볼 때도 우리는 보통 잘난 부분보다 모난 부분을 잘 찾아냅니다. 그렇다고 이것을 겉으로 표출해낸다면, 그것은 인간관계를 빠르게 망치는 지름길이라고 할 수 있습니다.

사람은 다 똑같습니다. 다른 사람 망신 주는 이야기를 듣고 있는 사람은 그 이야기를 하는 사람의 잘난 부분부터 찾을까요? 아니지요. 다 똑같은데 상대방의 숨기고 싶은 실수는 이해하고 덮어주는 것뿐입니다. 잘못된 행동이나 실수에 대한 조언은 단 둘이 있을 때 해주면 됩니다. 결국 가장 손해를 보는 사람은 많은 사람이 있는 자리에서 다른 사람의 험담으로 이야기를 이끌어가는 바로 '그 사람'

입니다. 그 이야기를 듣는 사람들은 '이 자리에 없었다면 내 흉도 보겠지'라는 생각으로 다음부터는 그 사람과 만나려 하지 않을 테니까요.

욕으로 상처받는 대상은 나 자신

사람이 기분이 나쁘면 욕할 수 있습니다. 겉으로든 속으로든 욕을 안 하는 사람이 어디 있겠습니까? 하지만 요즘 10,20대들은 지나치게 욕을 겉으로 표현하며 사는 듯합니다. 욕하는 습관은 좀처럼 쉽게 고쳐지지 않습니다. 저도 욕 많이 해보아서 잘 압니다. 속으로는 욕할 마음이 없지만 그냥 표현을 욕으로 하곤 하지요. 하지만 이런 습관이 결국은 속마음까지 욕하는 마음으로 만들어버립니다. "너무 배고프다"라고 하면 될 것을 굳이 "아, 존나 배고파"라며 육두문자를 섞어서 표현합니다. 배부를 때도, 자고 싶을 때도, 심심할 때도, 모든 일상에 욕을 섞는 10,20대들의 모습은 꽤나 자연스럽습니다.

한 번은 학교 셔틀버스를 타고 가는데 건널목에서 천천히 지나가는 할머니가 있어서 기다리는 시간이 길어지자 기사분과 학우들이 욕을 하더군요.

"시발, 존나 느리게 걸어가네."

안 이럴 것 같나요? 이게 현실입니다. 물론 모든 10,20대들이 그러지는 않겠지요. 하지만 실제로 이 정도로 욕이 입에 베어 있습니다. 부모 욕, 선생님 욕, 교수님 욕, 할 말 못할 말 구분 없이 10,20대들의 욕 버릇은 심각합니다. 다들 마음속으로는 '급한데 조금만 빨리 가주셨으면 좋겠네'라고 생각합니다. 다들 착한 사람들이지만 그냥 표현을 그렇게 하는 것입니다. 그렇다면 길을 건너는 할머니는 어떤 생각을 하실까요? 아마 마음속으로 '학생들, 길 막아서 미안하네. 나도 빨리 가고 싶은데 미안하네'라는 생각을 수도 없이 되뇌셨겠지요.

욕을 해도 버스 넘어 밖에까지 들리지 않습니다. 욕을 뱉는 순간 그 욕은 가장 먼저 자신의 귀에 들어옵니다. 결국 괜히 자기 기분만 나빠집니다. 길을 막은 할머니 때문에 강의에 늦은 것 같고, 오늘 하루가 안 풀린다고 생각하지요. 결과적으로 이런 작은 말버릇들이 모이고 모여 성격이 만들어집니다. 스스로 성격을 나쁘게 만들고 있는 셈이지요.

한 TV 프로그램에서 욕의 심각성을 확인하는 실험을 해보았습니다. 두 그룹의 꽃을 놓아두고, 한 꽃에게는 좋은 말만 해주고, 한 꽃에게는 심한 욕설만 들려주었지요. 결과는 예상대로 욕설을 들은 꽃이 더 빠르게 시들었습니다. 사람이라고 다를까요? 우리의 삶을 꽃의 성장과정에 비유하면 10,20대는 아직 새싹 정도일 것입니다. 그런 새싹이 여러분이고 저입니다. 여러분 자신이 일찍부터 시드는 새싹이라고 생각해보세요. 귀엽고 예쁜 새싹에게 계속 욕을 들려주고 싶은가요? 주변에서 듣는 사람도 자기 자신도 기분 나쁘게 만드

는 것이 욕입니다. 겉으로든 속으로든 욕을 하면 결국 마음 깊은 곳
에 아픔을 느끼는 사람은 자기 자신이라는 것이지요. 이러면 좋은
성격도 빨리 시들어버립니다. 그러니 좋은 성격, 좋은 인간관계를
위해서 욕은 가급적 하지 말아야 합니다.

갈등을 일으킨 문제의 주인을 찾아라

살면서 인간관계에 따른 갈등을 피하기는 굉장히 힘듭니다. 인간관계를 맺다보면 사소한 일부터 중대한 문제까지 갈등할 수밖에 없는 상황이 생깁니다. 우리의 성격은 대개 이런 갈등상황에서 뚜렷하게 드러납니다. 즉, 갈등을 겪을 때 우리는 그 사람의 성격이 침착한지, 신중한지, 가벼운지, 무거운지를 자세히 들여다볼 수 있습니다.

앞서 이야기했듯이 저는 정해진 성격은 없다고 생각합니다. 평소에 굉장히 침착한 사람도 간혹 이성을 잃고 분개할 때가 있고, 반대로 굉장히 저돌적이고 충동적인 사람도 때로는 냉정하고 침착할 때가 있기 때문이지요. 사람의 성격은 이렇게 상황에 따라 달라질 수 있습니다.

갈등이 해결되지 않는 이유

사람과의 갈등을 피할 수 없다면 그것을 효과적으로 해결하는 방법을 익혀야 합니다. 10,20대들의 경우 보통 '관점'과 '성격'의 차이에 의해서 갈등이 시작됩니다. 대개 '나는 이렇게 생각하는데 저 사람은 왜 저렇게 생각하지?'라는 생각 때문에 갈등이 생긴다는 것이지요.

그런데 사실 갈등의 원인은 '그 전에' 이미 존재하고 있었습니다. 바로 갈등을 일으킨 문제가 '누구의 것'인지를 구분 짓는 데서 출발한 것이지요. 따라서 갈등을 해결하려면 이것을 먼저 확인해보아야 합니다. 예를 들어 어떤 부모가 담배를 피는 아이와 갈등을 겪고 있는 상황을 가정해보겠습니다.

부모는 아이에게 담배를 피지 말라며 화를 내고 담배를 빼앗아갑니다. 이때 부모가 '학생이면 아직 담배를 피면 안 되는데 왜 피는 거지?'라는 생각으로 담배를 빼앗았다면 아이와의 갈등은 해결되지 않습니다. 이런 경우 아이는 그저 담배를 빼앗아 간 부모에 대한 원망만 남을 테니까요.

그렇다면 이 갈등을 일으킨 문제는 누구의 것일까요? 바로 아이의 것입니다. 부모의 문제가 아니지요. 그러니 부모가 함부로 개입해서는 안 됩니다. 부모 자신의 문제가 아니라면 '지원'과 '간섭'을 반드시 구분 짓고 개입해야 합니다. 그런데 이 사례에서는 브모가 아이의 문제에 간섭을 하고 있습니다.

버럭 화를 내서 아이가 정신을 차리고 담배를 끊는다면 얼마나 좋을까요. 하지만 현실은 그렇지 않습니다. 그러니 괜한 간섭은 하지 않아도 될 싸움을 억지로 만들어내는 것과 다를 바가 없습니다. 부모가 아이를 '지원'하고 싶다면 이렇게 생각해야 합니다.

'우리 애가 왜 담배를 피게 됐을까? 담배를 끊게 하려면 내가 부모로서 어떤 도움을 줘야 할까? 내가 도울 수 있는 일을 생각해서 아이에게 먼저 동의를 구해보자.'

먼저 이렇게 생각하고 나서 아이 문제에 개입한다면 심한 말다툼까지 이어질 일은 없을 것입니다. 이때 역시 아이의 생각이 가장 중요합니다. 스스로 문제를 자각하고 받아들여야 하지요. 부모가 나에게 도움을 주려 한다는 사실을 충분히 받아들이고 고치려고 노력해야 갈등을 더 나은 방향으로 해결할 수 있습니다.

실제로도 10,20대들의 갈등은 늘 간섭 때문에 시작됩니다. 내 생각이 늘 옳다고 생각하기에 상대방에게도 '내 방식'을 권유하고 싶어 하지요. 상대방이 받아들이지 않으면 오히려 화를 냅니다. 그러고는 대화주제와는 관계없이 왜 화를 내냐며 또 싸우기 시작합니다. 대개 이런 식이지요.

친구 1 : 이건 왜 이렇게 한 거야?

친구 2 : 이렇게 하는 게 맞는 거 같아서 이렇게 한 건데?

친구 1 : 이렇게 하는 것보다 저렇게 하는 게 더 맞지 않냐?

친구 2 : 아니, 근데 왜 화를 내면서 얘기 해?

'어느 한 사람'의 문제로 시작되었던 갈등이 결국 나중에는 '우리의 문제'가 되어버립니다. 갈등을 해결하기는커녕 점점 키워나가게 되지요. 위 사례에서 친구 1은 친구 2에게 간섭을 하고 있습니다. 이렇게 하든 저렇게 하든 결국 친구 2의 문제인데 말이지요. 친구 1은 '내 방식'을 받아들이지 않는 친구 2에게 화를 내고 결국에는 엉뚱한 문제로 서먹서먹한 관계가 됩니다.

갈등해결의 출발점은 문제의 주인 찾기

문제의 주인을 뚜렷하게 분리하는 것이 그래서 중요합니다. 인간관계에서 갈등을 일으키는 문제는 크게 3가지로 구분됩니다. 대부분은 '상대의 문제' 또는 '나의 문제'이고, 연인관계라면 '우리의 문제'가 있습니다. 그렇다면 각각의 상황에서 누구의 문제인지는 어떻게 구분할까요? 바로 '책임지는 사람'이 문제의 당사자가 됩니다.

한 번은 학원에서 어떤 학생이 이런 질문을 하더군요.

"대학교에 가면 고등학교와는 다르게 공부를 안 하고 강의시간에 자도 별 문제가 없다는데 사실인가요?"

맞습니다. 사실이지요. 하지만 굉장히 무서운 사실입니다. 대학 교수는 강의시간에 학생이 열심히 집중을 하든 안 하든 크게 관심을 갖지 않습니다. 오히려 그게 정상이지요. 교수가 자기 강의에 집중하려면 자는 학생을 일일이 깨워가며 진행할 수는 없을 테니까요. 강의를 집중해서 듣는 것은 '학생의 문제'이며 강의를 열심히 진행하는 것은 '교수의 문제'입니다. 이렇게 책임지는 사람에 따라 문제가 분리됩니다.

상대의 문제인지 나의 문제인지 구분 짓는 순간 대부분의 갈등이 사라집니다. 언젠가는 학원의 한 학생이 저에게 와서 수업시간에 졸고 있는 옆 친구를 깨워주었더니 도리어 화를 냈다면서 속상해 하더군요.

"저는 그 친구를 생각해서 깨운 건데 그런 제 마음은 몰라주고 화를 내서 속상했어요."

옆 친구가 수업시간에 자고 있다고 해서 꼭 깨워줄 필요는 없습니다. 그것은 그 친구의 문제이며 그 친구가 책임질 일이니까요. 이런 식으로 책임을 분리해서 생각해야 나중에 떠안지 않아도 될 책임을 피할 수 있고 자신이 책임질 일은 끝까지 책임질 수 있습니다.

다시 한 번 강조하지만 가장 중요한 것은 문제의 당사자입니다. 스스로 도움이 필요하다거나 문제가 심각해졌다고 느꼈을 때 바로 도움을 요청하는 용기가 필요합니다. 당사자가 아닌 들어주는 사람의 입장에서는 도움을 줄 수 있다는 말 한 마디면 충분합니다. 간섭이 아니라요. 담배의 심각성을 깨달은 아이는 분명 가장 가까운 지인에게 도움을 구할 것입니다. 앞 사례에서의 친구 2 역시 자신의 생각이 잘못되었음을 깨닫는 순간 자연스럽게 친구 1을 찾아가서 도움을 구하겠지요. 수업시간에 졸았던 친구가 공부를 열심히 하겠다고 마음먹게 되면 친구에게 자기가 졸고 있으면 까워달라고 부탁할 것입니다.

반면에 괜한 간섭은 늘 갈등을 일으킬 뿐입니다. 또한 당사자가 반드시 겪어야 할 경험을 방해함으로써 스스로 성숙해질 기회를 빼앗을 수도 있습니다. 스스로 겪고 판단해보고 아니라고 느끼면, 그때 도움을 청하는 편이 양쪽 모두에게 좋은 방향입니다. 이것이 성숙해지는 과정이며 같은 실수를 반복하지 않게 해주는 방법이지요.

It's your business

이런 이야기를 제 주변 사람들에게 해주면 간혹 '주변 사람들에게 너무 무관심한 거 아니냐'고 하기도 합니다. 하지만 이것은 무관심과는 완전히 다른 의미입니다. 문제를 분리하는 행동은 오히려 스스로 경험하고 성숙해질 수 있도록 그 사람을 존중해주는 태도입니다. 이런 맥락에서 저는 갈등을 겪어 고민하는 친구들에게 늘 이렇게 이야기합니다.

"It's your business."

지금 여러분이 갈등을 겪고 있다면 그것이 누구의 문제인지를 스스로에게 물어보세요. 그리고 내가 지금 상대에게 간섭하고 있지는 않은지를 물어보세요. 생각보다 우리는 안 해도 될 고민을 많이 하고 있고, 내 문제도 아닌 일에 참견하며 살아가고 있습니다. 누군가에게 도움을 주고 지원해줄 수 있는 일이나 말을 찾아보고 그 사람의 동의를 구해보세요. 다만 그것에 동의할지 말지도 어디까지나 상대방의 문제라고 생각해야 합니다. 어느 날 제 친구가 이런 하소연을 하더군요.

"백날 친구한테 연애상담을 해줘봐야 아무 소용이 없는 거 같아. 결국 자기 하고 싶은 대로 해놓고는 또 나를 찾아오더라고. 다시 상담해줘봐야 또 자기 하고 싶은 대로 하겠지."

원래 고민상담이 다 이렇습니다. 책임질 사람이 하고 싶은 대로 하더라도 상담해준 사람이 할 말은 없습니다. 반드시 상담해준 사람의 조언을 받아들이고 따를 필요는 없으니까요. 그것은 그 사람의 문제입니다. 따라서 내 조언이 도움이 되었다면 감사한 일이고, 아니면 그만이라고 생각하면 됩니다. 결국 책임지는 사람은 따로 있으니 상대방의 고민에 머리를 싸맬 필요가 없습니다. 이렇게 문제를 분리해서 생각하면 갈등 때문에 평정심을 잃을 일도 갈등이 커질 일도 없습니다. 책임을 분리하는 순간 인간관계에 따른 대부분의 갈등을 현명하게 해결할 수 있습니다.

상대방의 특수성을 이해하라

자, 이제 갈등해결의 첫 단계인 책임분리를 했습니다. 하지만 그렇다고 갈등이 완벽하게 해결되지는 않습니다. 우리의 대화가 늘 '너와 나'의 이야기로만 진행되지는 않으니까요. 오히려 친구 이야기나 정치, 가족 이야기를 할 때가 더 많습니다.

그런데 그런 이야기를 하다보면 '도대체 어떻게 저런 사고방식을 가질 수 있지?'라는 생각이 들 정도로 상대방이 이해되지 않을 때가 있습니다. 나는 낙관적으로 생각하는 친구를 상대는 비관적이라고 생각하기도 하고, 특정 정치인의 행보에 대해 '저건 문제가 있다'라고 생각하는 사람이 있는 반면 '저게 옳은 방식이야'라고 생각하는 사람도 있습니다. 이렇게 저마다 살아온 환경이나 사고방식, 보는 관점에 따라 판단하는 기준이 달라집니다.

일방적인 조언의 허점

　제가 학원에서 가르친 학생들 중에서도 조언을 해주었을 때 "선생님 말이 맞는 거 같아요"라고 하는 학생이 있는 반면, "이런 경우도 있는데 그건 좀 아니지 않나요?"라고 반응하는 학생도 있습니다. 그럼 제 조언을 받아들인 학생은 그 말이 옳다고 생각했을까요? 반대로 제 조언에 부정적으로 반응한 학생은 제 말을 이해하지 못했을까요? 보통 그렇지 않습니다. 각자 자기만의 가치관과 편견이 있기 때문에 거기에 맞는 생각이면 긍정적으로 받아들이고, 맞지 않는 생각이면 부정적으로 받아들이는 것이지요.

　예를 들어 제가 암기력이 좋은 학생에게 이런 조언을 해주더라도 그 학생이 동의하지 않을 수 있습니다.

　"저 학생은 선택과목을 화학에서 지구과학으로 바꿔서 성적이 많이 올랐어. 너도 암기라면 자신 있잖아. 선생님 생각으로는 화학보다는 지구과학이 너한테 더 쉬울 것 같은데 혹시 바꿔볼 생각 없니?"

　그 학생도 자신이 암기과목에 강하다는 사실을 압니다. 그런데 그 학생은 어릴 적에 부모님 사업이 크게 망한 상황을 겪었습니다. 그래서 확률적인 문제에서 늘 소심한 경향을 보였지요. 어릴 적에 아버지가 실패하는 모습을 보고 남들과 다른 특수성을 갖게 된 것입니다. 그렇기 때문에 그 학생 입장에서는 지금까지 공부해온 화학을 지구과학으로 바꾸는 결정이 상당히 어려운 문제일 수 있습니다. 함부로 바꿨다가 실패하는 경우에 대한 걱정이 남들보다 훨씬 컸으니까요.

제가 한 조언에 정답이 있을까요? 물론 바꿔도 되고 안 바꿔도 됩니다. 다만 그 학생 입장에서는 바꾸지 않는 선택이 정답인 것이지요. 이렇게 사람마다 자신이 겪은 특별한 경험이나 충격적인 사건으로 편견을 갖게 되는 경우가 있습니다. 하지만 그게 잘못되었다고 할 수 있는 경우는 드물지요. 저에게서 조언을 들은 그 학생은 '저 학생은 저 학생일 뿐이고 나는 나일 뿐이다'라는 자신의 생각이 옳다고 믿고 있고, 실제로 그것이 맞는 생각입니다. 만일 제가 "아니, 저 학생처럼 성적이 많이 오를 수 있다는데 왜 자꾸 화학을 고집하는 거야? 성적 올리기 싫어?"라고 했다면 어땠을까요? 어쩌면 크게 싸웠을지도 모릅니다. 저로서는 그 학생의 특수성을 이해하고 의견을 존중해주어야 갈등이 생기지 않는 것이지요.

다른 것과 틀린 것

이번에는 제 대학 동기 2명의 사례를 들어보겠습니다. 서울 태생인 동기 1은 모든 일상이 바쁘고 걱정이 많은 반면, 시골에서 올라온 동기 2는 평소에 느긋하고 세상만사에 걱정이 별로 없습니다. 그러니 두 동기가 보는 관점은 늘 다를 수밖에 없었지요. 시간약속을 해도 동기 1은 언제나 10분 전에 약속장소에 도착해서 기다립니다. 반면에 동기 2는 여유롭게 준비하고 약속시간에 딱 맞춰서

옵니다. 이때 만일 동기 1이 동기 2에게 "약속시간 10분 전에 먼저 와서 기다리는 게 예의 아니야?"라며 화를 내면 어떻게 될까요? 아마 갈등이 생기겠지요.

동기 1 입장에서는 시골에서 올라온 동기 2의 특수성을 이해해야 합니다. '약속시간에 늦지 않은 게 어디야'라고 생각하고 넘어가면 갈등이 생기지 않습니다. 동기 2 입장에서도 '앞으로 동기 1을 만날 때는 10분만 일찍 준비해야겠어'라고 생각하는 것이 상대의 특수성을 이해하는 옳은 방식입니다. 약속시간에 딱 맞춰 나온 것이 잘못된 행동도 아니며, 10분 일찍 나온 것이 잘한 행동도 아니잖습니까? 그러니 상대의 입장을 들어보고 문제될 일이 아니면 굳이 '쟤는 왜 그러지?'라고 생각할 필요가 없는 것이지요.

한 번은 정치관 차이 때문에 여자 친구와 다투었다는 친구와 이야기를 나눈 적이 있습니다. 사연을 들어보니 어떤 시의 시장이 청년 실업 해결을 위해 20대 학생들에게 노트북이나 휴대전화 대신 현금을 주는 현실적인 정책을 시행한 문제에 대한 의견차이로 다투었다고 합니다.

"이벤트에 응모한 사람을 대상으로 스마트폰이나 노트북을 주는 것보다 현금으로 주는 게 더 좋지 않나?"

"현금으로 주면 어떤 면에서 더 좋은 건대?"

"학비나 생활비가 부족해서 원하는 교육을 제대로 받지 못하는 학생들 입장에서는 현금을 주는 게 더 효과적인 정책 아닐까?"

"그럼 여자 친구한테도 그렇게 얘기하지 그랬어?"

"그렇게 말했지. 그런데 그 돈을 교육적인 차원에서 쓰는 대학생은 거의 없다는 거야. 현금을 받는 순간 다들 사리사욕에 빠져서 유흥비로 쓰기 바쁠 거라고. 하긴 내 주변에 유흥을 즐기는 친구들을 보면 여자 친구 말이 맞는 거 같기도 하고…."

두 의견은 다른 의견이지 틀린 의견이 아닙니다. 같은 정책이라도 돈을 교육적인 차원에서 쓰겠다고 결심한 사람에게는 좋은 정책일 것입니다. 반면에 그 돈을 개인의 사리사욕을 채우기 위해 쓴다면 나쁜 정책이 될 수 있겠지요.

세상 모든 일이 대부분 이렇습니다. 이쪽 면에서 보면 이런 것 같고, 저쪽 면에서 보면 저런 것 같은 일투성이지요. 한 쪽 면이 썩은 사과를 식탁 위에 올려놓았을 때 썩은 쪽 면에서 보는 사람은 '썩은 사과'라고 생각할 테고, 반대쪽에서 보는 사람은 '싱싱한 사과'라고 생각할 것입니다. 만일 썩은 쪽 면에서 본 사람이 '이 사과는 썩었다'라고 주장하면 반대쪽 사람이 받아들일까요? 아니지요. 그 사람은 '사과가 싱싱하다'라고 주장하겠지요. 따라서 갈등을 피하려면 상대에게 "이쪽에서 한 번 봐라! 썩은 사과지 않느냐!" 하고 주장하기보다는 자신이 직접 반대쪽에서 보고 '싱싱하다고 주장할 수도 있겠구나' 하고 받아들이는 자세가 필요합니다. 이것을 우리는 '통찰력'이라고 합니다. 이렇게 사물이나 현상을 여러 방면에서 관찰하는 능력을 가지고 있으면 인간관계에서 상대방의 입장을 이해하는 데 큰 도움이 됩니다.

갈등해결의 핵심은 너와 나에 대한 이해

　그럼 앞서 정치관 때문에 여자 친구와 다툰 제 친구의 사례를 가지고 지금까지 설명한 내용들을 정리해보겠습니다. 먼저 갈등이 생겼을 때는 책임을 분리하라고 이야기했습니다. 명확하게 이야기하면, 둘 사이에 갈등을 일으킨 정책이 잘못 되더라도 그것은 친구의 책임도, 여자 친구의 책임도 아닙니다. 그 책임은 잘못된 정책을 시행한 시장에게 있을 테지요. 굳이 두 사람이 갈등할 일도 아니었던 셈입니다.

　그 다음에는 현상을 대하는 서로의 특수성을 이해하라고 했습니다. 어느 한 쪽이라도 '저렇게도 볼 수 있겠구나'라고 생각했다면 다투지 않고도 대화가 가능했겠지요. 다만 이런 생각이 감정에 의해 만들어져서는 안 된다는 것이 중요합니다. 예를 들어 제 친구의 여자 친구가 서로 다른 정치관으로 갈등을 느끼다 대화 중에 감정에 북받쳐 울컥했다고 가정해보겠습니다. 그러면 제 친구는 순간 당황해서 "네가 한 말도 맞는 말이야. 강요해서 미안해"라고 하겠지요. 감정이 끼어들면서 순간적으로 이해가 인정으로 변한 상황입니다. 이런 상황은 언뜻 눈물을 흘리는 여자 친구를 이해해주는 듯 보이지만 이해와 인정은 다릅니다. 만일 이렇게 대화가 마무리되었다면 둘 사이에 아무 문제가 없을까요? 아마 시간이 지나면 제 친구는 이해되지 않는 의견을 억지로 인정했다는 사실에 찜찜함을 느끼고, 여자 친구는 괜한 눈물을 보였다는 사실에 미안함을 느낄 것입니다.

‘이 방법이 옳다!’라고 확신이 서지 않는다면 더 좋은 방법을 함께 찾아나가면 됩니다. 굳이 ‘내 생각이 옳다’, ‘네 생각은 틀리다’라며 갈등할 필요가 없습니다.

저를 포함한 10,20대들은 아직 배울 것이 많습니다. 그런데도 대부분 조금만 알아도 다 안다고 착각하고, ‘내 생각이 틀렸다’라는 사실을 받아들이지 못하지요. 그래서 대화가 안 통하면 때로는 삐치기도 하고 고집을 부리기도 합니다. 물론 나중에는 대부분 서로 “내 생각이 조금 짧았던 거 같아. 그때 고집 부려서 미안해” 하며 갈등이 해결되기는 합니다. 비록 시간이 걸렸지만 양쪽 모두에게 문제가 있었음을 인정하는 것이지요. 이런 불필요한 갈등을 피하려면 어느 한 쪽에서라도 상대방을 이해하는 자세를 가져야 합니다.

‘상대의 의견을 너무 존중해주다 저만의 가치관이나 기준을 잃어버리면 어떡하지요?’

물론 이런 의문을 가질 수 있습니다. 제가 한 이야기는 상대방의 의견이 항상 옳다고 생각하라는 뜻이 아닙니다. 배우고 경험해나가면서 생각이 변하듯이 가치관이나 기준도 변하기 마련입니다. 나의 의견은 확실하게 주장하되, 상대의 의견도 이해해보고 더 좋은 가치관이면 받아들이고 아니라고 생각된다면 그냥 이해하고 넘기라는 의미입니다.

2장

인간관계의 가설과 함정

극단적 인간관계의
경계를 허물어라

우리는 만족스러운 인간관계를 만들기 위해 상황에 따라 '이렇게 하면 내가 원하는 방향대로 관계가 이루어지겠지?'라는 식의 가설을 세울 때가 많습니다. 그런데 이런 가설의 결과가 맘에 들지 않거나 빗나가게 되면 여기에 이상한 옵션 하나를 추가합니다. 바로 '물론, 예외도 있겠지!'라는 옵션입니다.

이런 식의 옵션을 일반화시키면 변화를 기대할 수 없습니다. 가장 현명한 줄 알았던 자신의 판단이 아니었다면 정말 아닌 것인데, 그 사실을 좀처럼 받아들이지 못합니다. 때로는 현실을 인정하고 자신의 가설을 고칠 줄도 알아야 합니다.

물론 인간관계에 있어서 가설을 세우는 자체가 그리 바람직한 행위는 아닙니다. 사람마다 성향이 다르고 취향이 다른데 '이렇게 하면 상대방과 좋은 관계가 되겠다'라는 정답이 있을 리 없겠지요. 그런데도 상당수의 10,20대가 위와 같이 '예외도 있겠지'라는 옵션을 추가해가며 자신의 가설대로 관계가 유지되기를 바랍니다.

손해 보지 않는 인간관계의 냉정함

제가 열 살쯤 되었을 때 학교 앞에서 파는 병아리를 5,000원에 사서 집에 가져온 적이 있습니다. 어머니는 제가 사기를 당한 것을 알고 있었습니다. 다른 가게에서 병아리를 3,000원에 판다는 사실을 알고 있었기 때문이지요. 당시 어머니는 아버지에게 제가 순수하다고 이야기했지만 속으로는 굉장히 속상했었다고 합니다. 내 자식만큼은 항상 현명한 판단을 하고 매 순간 침착하게 행동하기를 원했을 테니까요. 그 이후 어머니는 저에게 귀가 닳도록 같은 이야기를 해주었습니다.

"아들아, 너는 절대 손해 보고 살지 말아라."

하루는 휴대전화를 바꾸면서 1만 원짜리 유심카드를 공짜로 받아오지 못했다고 하루 종일 어머니에게서 들볶인 일이 있습니다. 어디를 가든 얼굴에 철판이라도 깐 듯 이익을 다 뽑아내고 오는 어머니가 대단하기도 했지만, 한편으로는 그런 모습을 볼 때마다 마음이 아팠습니다. 손해를 보고 산다며 매일 저를 들볶았지만 정작 손해에 가장 민감하게 반응하며 속상해한 사람은 어머니로 보였기 때문입니다. 그런데 어느 순간부터 제가 어머니를 조금씩 닮아가고 있었습니다.

인간관계에서 손해와 이익을 정확하게 구분하고 분석해서 경제적인 결과를 만들어내는 태도가 꼭 잘못되었다고 볼 수는 없을 것입니다. 오히려 비즈니스 관계에서 이런 결과를 만들어낸다면 뛰어난 전략가라는 평가를 받겠지요. 어머니 덕분에 저는 어려서부터 이런 습관이 몸에 익숙해져 있었습니다. 스스로 꽤나 현명하다고 생각했고 어딜 가나 습관처럼 냉정하게 분석하고 침착하게 행동했지요.

하지만 시간이 흘러 많은 사람을 만날수록 치명적인 단점이 나타나기 시작했습니다. 바로 '냉정함'이었습니다. 점차 따뜻함을 잃어간다는 생각이 들었지요. 타인에게 양보하고 베풀기보다는 모든 관계에서 내 이익을 먼저 생각하는, 비즈니스적인 인간관계를 형성하고 있었던 것입니다. 작은 부분에서도 손해를 보면 지고 있다는 기분이 들었고, 잘못되었다는 생각을 했습니다. 이런 일을 겪으면 스스로 죄책감을 느끼기도 하고, 다음에는 절대 손해를 보지 않겠다고 결심하며 점점 더 냉정해지려고 마음먹었지요.

베푸는 인간관계의 모호함

"아들아, 너는 절대 손해 보고 살지 말아라."

어릴 적에 저는 어머니의 이 말을 액면 그대로 이해했습니다. 너무 어리다보니 정신적 손해와 금전적 손해를 구분하지 못했지요. 최근에 와서야 저는 스스로에게 이런 질문을 던져보았습니다.

'손해 보지 않는 인간관계가 나를 행복하게 해주는가?'

대답은 당연히 'NO'였습니다. 과거에 저는 너무 계산적으로 산 탓에 다른 사람을 이해할 여유조차 없었습니다. 식당에서 2만 원만 나와도 친구와 더치페이할 생각을 하고 있는 저의 모습은 차갑기 그지없었지요. 조금이라도 돈을 적게 낼 궁리를 하고 남들보다 조금만 돈을 더 내도 아깝다는 생각을 하는 제 자신이 미웠습니다.

'내가 이렇게 쪼잔한 사람이었나?'

'내가 이렇게 베푸는 마음이 없는 사람이었나?'

어느 순간 미소를 잃고 따뜻함이라고는 찾아볼 수 없는 사람이 되어 있었지요. 이런 인간관계에서 행복을 찾기는 어려웠습니다.

'그렇다면 손해 보는 인간관계가 나를 행복하게 해줄 수 있을까?'

이런 고민도 해보았습니다. 내가 가질 수 있는 것들을 남들에게 항상 양보하고 베푸는 삶이 과연 행복할까요? 우리는 이런 사람들을 보고 '착하다'라기보다는 '바보 같다'라고 표현하곤 합니다. 그런 사람들은 정말 바보일까요? 아마 아니겠지요. 그렇다면 어째서 그들은 아낌없이 베풀고 양보할 수 있을까요? 제 지인 중에도 이런 사람이 한 명 있습니다. 어느 날 직접 찾아가서 솔직하게 물었지요.

"도대체 바보가 아니고서야 어떻게 그렇게까지 베풀며 살 수 있는 건가요? 손해 보면서까지 다른 사람에게 베푸는 걸 보고 사람들이 착하다가 아니라 바보 같다고 생각하는 건 알고 계세요? 어쩌면 그런 성격을 이용하려는 사람들도 있을 테고요."

그러자 이런 대답이 돌아왔습니다.

"물론 친하지도 않은 사람들에게 베푸는 마음을 갖기는 쉽지 않아요. 믿기 힘들겠지만 저는 손해 본다는 생각을 해본 적이 단 한 번도 없습니다. 가끔 손해 본다는 생각이 들더라도 그런 생각은 빠르게 잊게 되더라고요. 반면에 베풀었다는 감정은 꽤나 오래 기억에 남습니다."

이해는 되지만 받아들이기는 힘든 말이었습니다. 손해 보았다는 감정보다는 베풀었다는 감정이 오래 남는다는 이유만으로 베푼다고? 좀 더 대화가 필요했습니다.

"중요한 것은 제가 아니라 상대방 쪽의 기분이에요. 이런 감정은 상대방이 더 강하게 느끼거든요."

"구체적으로 이런 감정이란 게 무엇인가요?"

"저에게 손해를 봤다는 느낌보다 선행을 베풀었다는 감정이 더 강하게 남아 있다면 상대방도 마찬가지일 겁니다. 상대방 역시 이익을 챙겼다는 생각보다는 도움을 받았다는 감정이 더 강하게 남을 거라는 말이지요. 시간이 흐른 뒤 상대방이 나와 다시 만난다면 구체적으로 자신이 어떤 상황에서 어떤 이익을 챙겼는지는 기억하지 못할 거예요. 제가 손해 봤다는 감정을 오래 기억하지 못하는 것처럼 말이지요. 분명 상대방도 이익을 챙겼다는 기억보다는 도움을 받았다는 고마운 감정이 머릿속에 더 깊게 남아 있을 겁니다.”

상황은 빠르게 잊히지만 감정은 오래 남는다.

충격적이었지만 납득하기에는 충분한 논리였습니다. 그 지인은 자신과 같은 사람들은 양보와 베풂에서 행복감을 얻는다고 이야기했습니다. 사실 그것은 우리도 마찬가지입니다. 늘 어떤 대가를 바라고 봉사활동이나 선행을 하지는 않으니까요. 다만 그런 모습들을 남들보다 더 많이 보였다는 이유만으로 우리는 그들을 바보 같다고 생각해온 것이지요. 우리가 함부로 그런 사람들이 인간관계에서 느끼는 행복을 판단할 수는 없습니다. 하지만 저는 그런 인간관계를 쉽게 받아들이기가 어려웠습니다.

손해 보는 삶과 손해 보지 않는 삶의 경계

손해 보지 않는 삶이 저를 차가운 세상으로 내몰았지만, 그렇다고 손해 보는 삶 또한 제가 생각한 행복한 인간관계는 아니었습니다. 그래서 저는 ‘손해 보는 삶과 손해 보지 않는 삶의 경계를 찾으면 되지 않을까?’라는 생각을 하게 되었습니다. 그 경계를 찾을 수 있다면 제가 추구하는 인간관계에 도달할 수 있겠다는 생각이 들었지요. 저는 다시 스스로에게 질문을 던졌습니다.

'손해 보지 않는 삶과 손해 보는 삶의 경계는 어디일까? 과연 이런 이상적인 인간관계가 존재할 수 있을까?'

사실 막막했습니다. 누군가와 관계를 맺으면서 어느 정도의 손해는 눈감아줄 수 있고 어느 정도의 이익은 챙겨도 된다는 안내판 같은 것은 존재하지 않으니까요.

우리는 생판 처음 보는 사람에게 굳이 잘 대해줄 필요를 느끼지 못합니다. 다시 볼 사이가 아니라는 생각에 손해 보기도 싫어하지요. 하지만 친구나 부모님에게 베풀고 양보할 때는 상대적으로 손해 본다는 느낌이 들지 않습니다. 가까운 사람에게 쓰는 감정이나 돈이 아깝지 않고, 오히려 더 주고 싶은 마음이 드는 것은 어쩌면 당연한 일이겠지요. 이런 상황들을 생각해보면 결국 '친밀함의 정도'가 그 경계를 나타내는 '안내판'이 되는 셈입니다.

여기서 중요한 것은 손해 본다고 느끼는 관계에서의 대상이 우리에게 어떤 존재인가 하는 점입니다. 상당수의 10,20대들이 이런 대상을 '적'으로 보는 경향이 있습니다. 나에게 이익이 되지 않을 사람 혹은 다시 볼 일이 없을 사람들을 굳이 호의적으로 대해줄 필요가 없다고 생각하는 것이지요.

10,20대들의 이런 특성은 친한 친구들과의 관계에서도 나타납니

다. 예를 들어 한 대학생이 어떤 친구들과 여행을 같이 갈지를 고민하는 상황을 가정해보겠습니다. 이 학생은 어떤 친구와 여행을 가야 재밌는 여행이 될지를 생각하면서 이런 저울질을 합니다.

'길동이는 돈이 많은 친구니까 데려가야지.'

'철수 같은 개그맨을 빼놓으면 여행이 아니지.'

이 또한 자신의 이익을 생각하는 인간관계라고 볼 수 있습니다. 진정한 인간관계라고 볼 수 없지요. 이런 관계라면 자기 자신도 다른 친구에게서 별다른 이익을 얻을 것이 없는 대상으로 분류되어 버림받더라도 할 말이 없을 테니까요. 이렇듯 상대방을 친구와 적으로 분류하는 인간관계는 굉장히 큰 리스크를 안고 있습니다.

앞서 제 지인이 한 말을 되짚어볼까요?

'물론 친하지도 않은 사람들에게 베푸는 마음을 갖기는 쉽지 않아요.'

이 말 속에는 묘한 표현이 숨어 있습니다. 바로 '친하지 않은 사람'이라는 표현입니다. 그 지인은 인간관계에서의 대상을 '친한 사람'과 '친하지 않은 사람'으로 분류한 것이지요. 우리가 모든 사람에게 사랑받을 수는 없습니다. 마찬가지로 우리가 모두를 사랑하며 살 수도 없지요. 내가 싫어하는 사람이 있듯이, 반대로 나를 싫어하는 사람도 충분히 있을 수 있습니다. 그 지인이 인간관계에서의 대상을 '친한 사람'과 '친하지 않은 사람'으로 구분한 핵심적인 이유는 '모두를 사랑하지는 못 하지만 모두를 싫어하지도 않는 관계'를 유지하는 데 있었습니다.

만일 여러분이 '싫어하는 사람'을 멀리하고 점점 담을 쌓기 시작한다면 나중에는 말을 섞거나 우연히 만나기조차 싫어질 것입니다. 이렇게 인간관계에서의 적이 하나씩 늘어나게 되지요. 물론 상대방 역시 같은 심리겠지요.

'싫어하는' 관계가 아닌 '친하지 않은' 관계로

이와는 다르게 여러분이 싫어하는 사람을 '적'이 아니라 '친하지 않은 사람'으로 남기는 방법이 있습니다. 싫어하는 사람을 억지로 좋아하라는 의미가 아닙니다. 말 그대로 친하지는 않지만 우호적인 관계를 유지하라는 뜻이지요. 이런 관계가 어떻게 가능한지, 이게 말이 되는 논리인지 의문이 생길 수도 있습니다. 하지만 우리는 알게 모르게 이런 관계를 많이 경험하고 있습니다. 인사는 나누지만 같이 있기에는 어색한 '친구의 친구' 정도를 생각하면 이해가 빠를 것입니다. 같이 있기에는 어색한 감이 있지만 기분 나쁠 정도는 아닌, 그렇다고 굳이 서로를 '적'으로 바라볼 필요는 없는, 그런 관계 말이지요. 적어도 '적'은 아닌 존재로서, 친하지는 않아도 '친구'라는 말 자체로 따뜻함을 느낄 수 있는 존재로 남기는 것이지요.

그렇다면 어떻게 '적'으로 규정했던 대상을 '친하지 않은 친구'로 돌려놓을 수 있을까요? 먼저 '그 사람이 언제부터 왜 적으로 느껴지면서 싫어졌을까'를 생각해보아야 합니다.

제 친구 한 명은 유독 한 여자 동기를 싫어합니다. 대학교 엠티를

갔는데 그 여자 동기가 잘생긴 남자동기들만 챙기는 것처럼 보여서 싫어졌다고 하더군요. 그 후로는 그 동기의 모든 행동이 다 여우같고, 남학생들에게 말을 거는 모습만 보아도 꼴사납다는 생각이 들었다고 합니다.

제 친구처럼 어떤 사람을 싫어하는 데는 이유가 구구절절 셀 수 없이 많습니다. 하지만 원점으로 돌아가 싫어진 계기를 돌이켜보면 어떤 특정 행동이나 상황이 그런 마음을 갖게 했음을 알 수 있습니다. 제 친구의 경우는 '엠티 때 잘생긴 남자 동기를 챙긴 여자 학우의 행동'이 계기가 되었지요. 이렇게 우리는 종종 단편적인 모습만으로 그 사람의 전체적인 성격을 평가하곤 합니다. 저 친구는 그 여자 동기의 '여우같다'는 단점에 돋보기를 대고 그것이 그 사람 자체라고 확대한 것이지요. 그래서 남자 동기들에게 말만 걸어도 꼬리치는 행동처럼 보이고, 메시지를 주고받는 모습만 보아도 많은 남자들과 연락하는 듯이 보였던 것입니다.

이런 관점으로는 절대로 '적'을 '친하지 않은 사람'으로 발전시킬 수 없습니다. 사람의 성격이 완벽할 수도 없고, 내가 좋아하는 성격을 가진 사람만 만나고 살 수는 없습니다. 지금 우리에게는 이런 관점이 필요합니다.

'저 사람과 단 둘이 무인도에 떨어진다면 함께 살아갈 수 있을까?'

저는 이런 생각을 자주 합니다. 만일 우리가 싫어하는 사람과 단

둘이 무인도에 떨어져도 서로의 단점을 두고 다투며 고민할까요? 아마 혼자가 아니라 둘이라는 사실만으로도 감사함을 느낄 것입니다. 이와 마찬가지로 사람의 성격을 떠나서 '친하지 않은 사람'으로 남기기 위해서는 그 사람의 존재 자체에 감사함을 느낄 줄 알아야 합니다.

제 친구 중 한 명은 친형과 사이가 아주 나쁩니다. 성격도 서로 안 맞는 탓에 평소 서로 말도 잘 안 섞는다고 합니다. 그러던 어느 날 형이 집에 연락도 없이 안 들어왔었다고 하더군요. 그 친구는 처음에는 형 없이 혼자 집에 있다는 사실에 기뻐했다고 합니다. 그런데 다음 날 아침, 병원에서 전화가 왔습니다. 형이 사고를 당한 것입니다. 그 친구는 그때 당시 자신의 심정을 이렇게 이야기하더군요.

"순간 심장이 내려앉는 기분이었어. 다행히 생명에는 지장이 없는 접촉사고라고 한 순간 나도 모르게 눈물이 울컥 나더라고. 형이 살아있다는 것만으로도 너무 고맙고 감사한 생각이 들더라."

누군가가 옆에 있다는 사실에, 그 사람의 존재 자체에 감사함을 느낀다는 것은 바로 이런 생각입니다. 이런 생각으로 사람을 만나면 절대 그 사람을 적으로 대하는 일은 없겠지요. 무인도에서 적과 함께 살 수는 없잖아요.

싫어하는 사람이라도 여러분과 맞는 부분이 있고 맞지 않는 부분이 있을 것입니다. 자전거 체인이 잘 돌아가다가 어느 순간 엉켰다고 해서 자전거를 버리는 사람은 없겠지요. 그냥 손으로 엉킨 부분을 풀어주고 다시 달리면 되니까요. 억지로 적을 만들어가며 살아

갈 필요는 없습니다. 내가 먼저 상대와 '친하지 않은 사람'의 관계
가 되기 위해 노력해야 합니다.

마음의 '덤'을 베풀어라

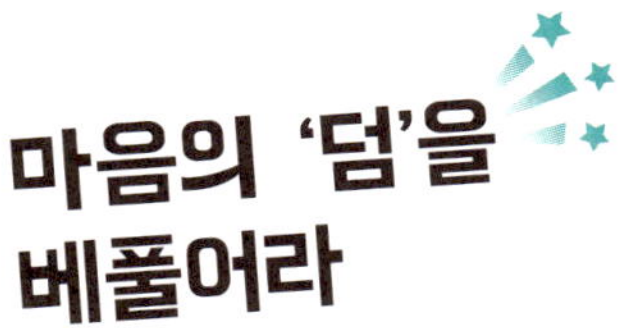

우리는 앞에서 인간관계의 대상을 친한 사람과 친하지 않은 사람으로 구분해보았습니다. 하지만 여전히 손해 보는 삶과 손해 보지 않는 삶의 경계에 도달하지는 못했지요. 저는 앞서 사례를 든 제 지인처럼 친하지 않은 사람에게 끊임없이 퍼주는 선행까지는 아직 이해할 수 없었습니다. 생각보다 차가운 마음은 따뜻해지지 않았고 대가없는 선행을 베풀기는 쉽지 않았지요.

따뜻함은 마음이 이끄는 덤에서 나오는 것

세상에는 따뜻하지 않은 사람이 정말 많습니다. 하지만 따뜻함을 느끼지 못하는 사람은 없습니다. 선행을 하기 전에 우리가 언제 따뜻함을 느끼는지, 왜 따뜻함을 느끼는지를 알아야 옳은 마음가짐으로 선행을 실천할 수 있습니다. 양로원에서 봉사활동을 하는 제 동기는 할머니에게 책을 한 권이라도 더 읽어드리고 와야 마음이 편안하다고 합니다. 저희 집 앞에서 5년째 떡복이 장사를 하는 아주머니는 처음 보는 학생들에게도 500원어치를 주문하면 매번 1,000원어치를 줍니다. 제 어머니는 제가 1,000원만 빌려달라고 부탁하면 매번 1만 원을 주시지요.

양로원 봉사도, 해외 자원봉사 활동도 정말 대단하고 존경할 만한 일입니다. 하지만 지금 여러분에게 그런 거창한 봉사활동을 권하는 것이 아닙니다. 여러분의 마음 한 편에 묻어둔 따뜻함을 조금씩이라도 표현하며 살아가자는 말이지요. 그렇다면 여러분이 마음속에 숨기고 꺼내기 힘들어하는 그 따뜻함은 과연 어디서 나오는 것일까요? 왜 제 친구는 양로원 할머니에게 책을 한 권이라도 더 읽어드리고, 집 앞에서 떡볶이를 파는 아주머니는 왜 처음 보는 학생들에게도 떡볶이를 넘치듯 주는 것일까요? 바로 '덤'이었습니다. 따뜻함은 마음이 이끄는 '덤'에서 나오는 것이었지요.

마음의 덤을 주고받는 기준

제 친구 중에 돈을 정말 아끼는 친구가 한 명 있는데 언제가 저에게 이런 말을 하더군요.

"나도 베풀고 양보하며 살고 싶은데 왜 안 되는 걸까? 나는 99만 원을 모으면 1만 원 더 모아서 100만 원을 채우고 싶고, 999만 원을 모으면 1,000만 원을 채우고 싶어. 욕심은 갈수록 늘고 봉사나 선행과는 점점 멀어지는 내 삶이 가끔은 너무 이기적인 게 아닌가 하는 생각이 들어. 나도 베풀며 살고 싶은 마음은 있는데 마음처럼 안 되더라고."

저도 비슷한 생각을 했었기에 대답해줄 수 있는 문제였습니다. 제 친구처럼 99만 원을 모으면 100만 원을 채우고 싶은 사람이 있는 반면, 누군가는 10만 원만 모아도 1만 원을 양보합니다. 하지만 제 친구를 나쁘다고 할 수도, 양보한 사람을 좋은 사람이라고 할 수도 없습니다. 베풀지 않는다고 죄를 짓는 것은 아니니까요.

그래서 선행이나 양보에 큰 의미를 두어서는 안 됩니다. 오히려 가볍게 생각해야 결과에 상관없이 만족감을 느낄 수 있습니다. 그냥 베풀어야겠다는 마음을 가진 것만으로도 베풀었다고 생각해야 마음이 편합니다. 거기에 죄책감을 가지고 '이렇게 욕심 많은 내가 잘못된 건가'라고 생각하면 돈을 벌 때마다 불편한 마음만 듭니다. 그래서 저는 제 친구에게 이렇게 말해주었습니다.

"네가 그 마음을 가졌다는 것만으로도 나는 베풀었다고 생각해. 한 번 잘못을 저지르면 두 번은 쉽듯이 선행도 마찬가지더라. 그런 마음으로 한 번만 용기를 내서 남을 도우니까 두 번째부터는 어렵지 않더라고. 꼭 금전적인 선행이 아니라도 그냥 따뜻한 마음을 가지고 있다는 걸 표현하는 거지. 언제가 너도 분명 그 따뜻한 마음을 어떤 식으로든 표현해낼 거야. 그냥 그 마음가짐만 유지하고 있다가 어느 날 기회가 된다면 꼭 용기를 내보라고 말하고 싶어."

얼마만큼이 중요한 것이 아니라, 어떤 사람인지가 중요한 것이 아니라, 그저 우리의 마음이 이끄는 '덤'에 따라가는 것이지요. 로또에 당첨된 사람이 누군가의 권유로 마음에도 없이 1억 원을 기부하는 것보다 하루 종일 고생하고 들어오신 아버지에게 10분간 어깨를 주물러 드리는 것이 더 멋진 선행입니다. 가까운 사람에게 먼저 시작해보세요. 가장 용기내기 쉬운 사람에게 먼저 마음을 열어보는 것이지요. 우리에게 필요한 것은 우리의 역량에 따라 줄 수 있는 만큼 아낌없이 주는 마음입니다. 손해 보는 것이 아니라요.

'내가 이만큼 베풀었는데 저 사람은 나한테 이것밖에 못해주나? 정말 이기적이네.'

이렇게 생각하면 절대 따뜻한 마음을 가질 수 없습니다. 저도 여러분도 부모님에게서 10만큼 받았다면 아마 3도 못 해드렸을 것입니다. 그렇다고 부모님이 여러분을 이기적이고 괘씸하다고 생각할까요? 아마 아니겠지요. 그냥 베풀 때는 베푸는 마음에 감사해 하고 받을 때는 주는 마음에 감사해 하면 됩니다.

이기적이지 않은 사람은 없습니다. 아니, 이기적이지 않고 살아가기에는 세상이 너무 위험합니다. 이기심을 버리는 것과 베풀며 사는 것은 다른 문제입니다. 베푸는 것은 '나의 역량'에 따른 행위이고, 받는다는 것은 주는 '상대의 역량'에 따른 행위입니다. 만일 주고받는 데 기준점을 찍어두고 '이만큼은 받아야 본전이다'라고 생각한다면 그것은 선행이 아니라 '거래'입니다. 10,20대들의 선행에는 항상 이런 기준점에 대한 고민이 따릅니다. 평소에 연락 한 번 없었던 친구가 시험기간만 되면 자료를 빌려달라고 합니다. 그 친구가 이기적인 것 맞습니다. 하지만 상대방의 이기심에 나의 역량을 얼마만큼 베풀지는 나의 문제입니다. 따라서 문제의 주체를 상대방이 아닌 나로 본다면 상당히 간단해지지요.

만일 위와 같은 상황에서 "너는 평소에 연락 한 번 없다가 네가 필요할 때만 연락하냐?"라고 말하면 오히려 상대방 쪽에서 여러분을 이기적이라고 생각할 것입니다. 상대방이 이기적인 것이 문제라고 생각한다면 여러분의 마음만 상할 뿐입니다. 지금 베풀 생각이 없으면 나중에 베풀 마음이 생겼을 때 베풀면 됩니다. 그렇게 조금씩 마음의 '덤'을 늘려나가는 것이지요.

그 '덤'의 따뜻함은 반드시 '좋은 관계'와 '좋은 평판'으로 돌아옵니다. 그러다보면 결국 살아가면서 베푼 정도나 받는 정도나 비슷비슷해진다는 사실을 깨닫게 되지요. 이 글을 읽은 순간, 저도 여러분도 따뜻한 사회를 만들기 위한 거대한 프로젝트에 조금씩 참여하고 있는 셈입니다.

이성관계에서 공감대 형성의 함정에 빠지지 마라

우리는 친해지고 싶은 사람, 잘 보이고 싶은 이성에게 '어떻게 하면 잘 보일까?'를 꽤나 자주 고민하며 삽니다. 많은 사람들이 이렇게 마음에 드는 사람에게 자신을 어필하는 방법 중 하나로 '공감대 형성'을 꼽습니다. 마음에 드는 이성 등과 대화하다가 비슷한 취미나 좋아하는 공통분야를 찾으면 대화거리가 굉장히 많아지기 때문이지요. 이럴 때 보통 '이 사람은 나와 잘 맞구나' 하고 생각하게 됩니다.

그래서 때로는 거짓말을 해서라도 상대방과의 공통점을 만들어내기도 합니다. 그러면서 스스로 자연스럽게 '둘만의 공감대가 형성되었다'는 가설과 함께 '좋은 관계로 발전할 가능성이 높아졌다'는 가설을 세우게 되지요. 과연 그럴까요?

매력을 반감시키는 공감대 형성의 허점

사례를 하나 들어보겠습니다. 여성 화장품에 대한 지식이 풍부한 남자가 소개팅에 나갔습니다. 이 남자는 여성 화장품에 대한 잡지도 많이 읽어서 관련 정보와 브랜드에 대해 많이 알고 있습니다. 마침 소개팅에 나온 여자가 화장품 이야기를 꺼내자, 이 남자는 여성 화장품에 대한 다양한 지식을 털어놓으며 공감대를 형성하기 시작합니다. 대화는 순조롭게 흘러가고 남자는 어색함이 사라진 여자의 얼굴을 보고 안도하기 시작합니다. 대화가 편하게 진행될수록 남자는 여자가 자신의 매력에 푹 빠졌다고 생각합니다. 하지만 결국 이 남자는 나중에 여자에게서 메신저를 통해 소개팅은 재밌었지만 남자로서의 매력은 별로라는 식의 메시지를 받고 실망합니다.

뭐가 문제였을까요? 남자는 자신의 매력이 여자에게 잘 전해졌다고 생각했지만 사실은 그렇지 않았던 것이지요. 여기서는 남자가 알고 있는 여성 화장품에 대한 지식들이 소개팅에 나온 여자에게 매력으로 작용했느냐가 중요합니다. 여성 화장품에 대한 지식은 상대에게 남자의 매력을 전달하는 하나의 수단이었을 뿐이지, 그 자체로 남자의 매력이 될 수는 없습니다. 여자의 이상형이 '여성 화장품에 대한 풍부한 지식을 가진 남자'일지 아닐지도 알 수 없고요. 축구를 좋아하는 여자의 이상형이 '축구에 대한 풍부한 지식을 가진 남자'인지, 그냥 '축구를 잘하는 남자'인지 알 수 없듯이 말이지요.

또한 위의 사례에서 '여성 화장품에 대한 지식'이 공감대 형성에는 도움이 되었을지 몰라도 오히려 이성으로서의 매력은 반감시키는 효과를 가져왔을 수도 있습니다. 여성 화장품은 남자로서의 매력을 어필하기에 그리 좋은 소재가 아니기 때문이지요.

따라서 남자가 공감대 형성이 되었다는 이유로 여성에게 매력이 잘 어필되었다고 생각하는 것은 큰 착각일 수 있습니다. 공감대 형성을 통해 대화가 편하게 진행된다는 감정은 동성 친구 사이에서도 충분히 느낄 수 있습니다. 오히려 위 사례에서는 소가팅에 나온 여자 입장에서 그냥 편한 친구로서는 괜찮지만 '내 남자'로서는 뭔가 부족하다고 생각할 수 있었겠지요.

이처럼 상대방이 좋아하는 것을 나도 좋아한다고 해서 늘 관계의 시너지 효과가 생기지는 않습니다. 공감대 형성이 나쁘다는 뜻이 아니라, 그것이 좋은 관계로 발전하는 데 늘 도움이 되지는 않는다는 말입니다.

이성에게서 매력을 느끼는 원리

이렇게 공통된 취미나 사고방식을 가진 사람이 무조건 나와 잘 맞는다는 생각을 일반적으로 '유사성 원리'라고 합니다. 나도 축구를 좋아하는데 상대방도 축구를 좋아하면 뭔가 통하는 듯한 생각이 들거나, 내 고향이 수원인데 상대방 고향도 수원이면 뭔가 친밀감이 생기는 식이지요. 이렇게 지역이나 취미, 정치적 성향이나 종교가 비슷한 사람끼리 더 가까운 느낌을 받는 것은 당연한 현상입니다. 다만 동성의 경우에는 이런 유사성이 시너지 효과를 내는 경우가 많지만, 이성 간에는 늘 그렇지는 않다는 것이지요. 예를 들면 이런 상황입니다.

> **여자 :** 저는 조금 소심해서 밖에 잘 안 나가요. 그래서 보통 취미는 집에서 즐기는 편이에요.
>
> **남자 :** 저도 소심해서 집 밖 활동보다 실내 활동을 더 좋아해요. 소개팅은 처음인데 소심해서인지 조금 부끄럽네요.

여기서 여자는 자신과 비슷한 소심한 남자를 만났다고 반가운 마음이 들까요? 아마 아닐 것입니다. 비슷한 맥락으로 연봉이 비슷한 남녀가 만나서 비슷한 사회생활에 대해 이야기하면서 공감대가 형성된다면 시너지 효과가 생길까요? 어쩌면 여자 입장에서는 그런 공감대 형성보다는 그냥 '나보다 연봉이 높은 남자'를 선호할 수도 있습니다. 대화거리가 많아질지는 몰라도 '내 남자'로서의 매력을 느끼는 데는 큰 작용을 못하는 것이지요.

이처럼 유사성 원리는 이성에게 매력을 어필하는 조건으로서는 상당한 허점이 있습니다. 결국 이성을 만날 때는 공감대 형성이 때로는 스스로의 매력을 전달하는 데 있어서 장애물이 될 수도 있으므로, 공감대를 깨뜨리는 말만 주의하면 된다는 이야기입니다.

잘 생각해보면 우리는 유사성 원리에서 어긋나는 이성을 만났을 때 매력을 느끼는 경우가 더 많습니다. 키 큰 남자가 키 작은 여자를 선호하는 경우가 많고, 활발하고 적극적인 사람이 소심하고 부끄러움을 잘 타는 이성에게서 매력을 느낄 때가 많다는 것이지요. 서울 출신의 남자가 부산 사투리를 쓰는 여자에게서 매력을 느끼기도 합니다. 그래서 이성에게서 매력을 느끼는 데는 유사성 원리보다 차별성 원리나 우월성 원리가 더 크게 작용하는 경우가 많습니다. 그렇기 때문에 실제로 만나보지도 못한 연예인을 좋아하기도 하며, 우연히 버스정류장에서 잠깐 본 남자가 머릿속에 남기도 하는 것이지요. 여러분이 어떤 이성에게서 다른 이성과는 다른 무언가를 발견했을 때 특별함과 매력을 느끼는 이유도 마찬가지입니다. 그래서 호기심이 생기고 가까워지고 싶다는 생각이 들게 됩니다.

따라서 이성과 공감대를 억지로 쌓으려고 노력할 필요가 없습니다. 매력을 어필하는 과정은 그것만으로 완성될 수 없으니까요. 그 사람이 살아온 환경, 사회문화에 대한 인식, 말투나 어감의 뉘앙스, 행동양식과 매너, 그리고 첫인상까지 모든 것이 복합적으로 작용합니다. 취미나 성격이 비슷하다고 해서 혹은 그로 인해 공감대가 형성되었다고 해서 상대방에게 매력이 잘 어필되었다는 가설은 머릿속에서 지우는 편이 낫습니다.

넓고 깊은
인간관계를 쌓아라

넓고 얕은 인간관계, 좁고 깊은 인간관계

살아온 세월을 돌아보면 우리는 정말 많은 사람을 만났습니다. 앞으로도 더 많은 사람과 관계를 맺으며 살겠지요. 하지만 그 모든 사람들과 깊은 관계를 맺을 수는 없습니다. 그래서 마음속으로 가장 친한 사람, 덜 친한 사람, 얼굴만 아는 사람 등으로 나눠가며 인간관계를 맺게 되지요. 그러면서도 상대에게 자신은 '가장 친한 사람'으로 남기를 바랍니다. 그래서 때로는 처음 만난 사람에게도 격식으로 포장한 채 이런 말들을 할 때가 있습니다.

"나중에 기회 되면 밥 한 번 사겠습니다."

"시간이 되는 대로 꼭 다시 연락드리겠습니다."

만약 우리가 격식 상 내뱉은 이런 말들을 모두 지키고 산다면 아마 한 1년간은 잘 알지도 못하는 사람들과 식사를 해야 할지도 모릅니다.

한편, 이런 식으로 이 사람 저 사람 다 들쑤시고 다니는 사람에게 우리는 '저 사람 또 인맥 관리한다'라는 표현을 쓰곤 합니다. 당사자는 인정하지 않겠지만 사실입니다. 그렇다고 그것이 나쁘다는 뜻은 절대 아니지요. 처음 보는 사람이라도 다음에 다시 볼 수 있는 관계로 남기는 편이 분명 현명한 선택일 테니까요. 경찰인 친구도 한 명 있으면 은근히 든든해지고, 부동산하는 친구도 한 명 있으면 부동산 거래를 할 때 편해집니다. 이렇게 아는 사람이 많다는 것은 도움 줄 사람이 많다는 의미도 됩니다.

하지만 인간관계에도 양면성이 존재합니다. 여러분 주위에 성격이 좋아서 주변에 사람들이 끊이지 않는 친구가 한 명쯤은 있을 것입니다. 어릴 적에 저는 가끔 이런 친구들이 부럽다고 생각했습니다. 늘 행복해 보이고, 때로는 나보다 다른 친구와 더 친해 보이면 섭섭한 마음이 들기도 했지요. 그런데 그런 친구들의 이야기를 들어보니 스트레스 받는 일들이 줄줄이라고 하더군요. 마당발일수록 소진되는 시간과 감정의 크기가 컸기 때문이지요. 그것이 바로 '많은 친구들'에 대한 대가였습니다.

인간관계에 대해 깊게 생각해본 사람이라면 이런 고민을 한 번쯤 해보게 됩니다.

대학에 들어간 후 자주 못 만난 친구가 한 명 있었습니다. 그 친구가 2학년을 마치고 나서 이렇게 말하더군요.

"대학에서 많은 친구들을 만나서 좋기는 했는데, 정말 친했던 중학교, 고등학교 친구들과는 연락이 끊겼어. 사실 대학에서 만난 친구들과의 관계는 모두 얕았던 거 같아. 서로 필요할 때만 연락하고, 근처에 있을 때나 연락하고. 그러다보니 '평생 친구'라는 생각은 안 들더라. 어릴 적 친구들과 쌓은 추억들이 훨씬 값지고 기억에 남는데 아쉽더라고. 보고는 싶지만 먼저 연락하지도 않는데 내가 먼저 연락하기는 조금 민망하고."

때로는 이곳저곳 약속이 잡혀있어 많은 사람들과 만나는 사람이 부러울 때가 있고, 집 앞에서 모든 것을 털어놓을 수 있는 친구와 술 한 잔 하는 사람이 부러울 때도 있습니다. 그런데 관계의 양면성 측면에서 보면 이곳저곳 약속이 많은 사람은 속마음을 풀어놓을 친구가 없어 고민하며, 모든 것을 털어놓을 수 있는 친구와 술 한 잔 기울이는 사람은 종종 외로움을 느끼곤 합니다. 두 인간관계 모두 장단점이 있는 것이지요.

넓고 깊은 인간관계를 위한 3가지 원칙

그렇다면 가장 좋은 인간관계는 위의 두 유형의 관계를 중화시킨

관계가 아닐까요? 저는 이것을 '넓고 깊은 인간관계'라고 정의하고, 다음과 같이 이를 실현할 수 있는 3가지 원칙을 세워보았습니다.

마음을 활짝 열어줄 수 있는 친구가 2명은 있어야 한다

때로는 부모형제에게도 말하지 못하는 속사정이라는 것이 있습니다. 그런 속사정을 풀어놓을 진짜배기 친구가 있다면 살아가는데 큰 힘이 됩니다. 그래서 첫 번째 원칙은 그저 함께 술 한 잔 하면서 모든 고민을 털어놓을 수 있는 친구를 만드는 것입니다. 절대 배신하지 않을 진정한 친구 말이지요. 그런데 그런 친구가 한 명뿐이라면 정말 힘들 때 만나지 못할 수 있으므로 적어도 2명은 만들어야 합니다. 이 친구들은 '내'가 없을 때도 '내' 생각을 해주는 소중한 사람들이지요.

능력을 보고 결정하지 말고, 사람을 보고 결정하라

두 번째는 사람과 친해지기 전에, 진정 '사람'과 친해지려는 것인지, 그 사람의 '능력'과 친해지고 싶은지를 늘 스스로에게 물어보라는 것입니다.

"아, 몰라 봐서 죄송합니다. 서울대를 졸업하셨군요. 앞으로 친하게 지냅시다."

서울대 출신이라는 말을 듣는 순간, 한 회사의 CEO라고 적힌 명함을 받는 순간 태도가 변하는 사람들이 종종 있습니다. 이렇게 상대방의 능력과 친해지고 싶다는 마음이 상대방에게 인식되는 순간 비즈니스적인 관계가 되기 마련입니다. 이런 경우 상대방이 자신의 능력과 걸맞은 능력을 갖춘 사람이 아니라는 이유로 관계를 끊어도 할 말이 없게 됩니다. 앞서 권위의식에 대해 이야기할 때 그랬듯이 서울대생이라고 다 대단한 사람은 아닙니다. 서울대생은 그냥 서울 대생일 뿐이지요. 그 이전에 그저 평범한 사람일 뿐이고요.

그렇기에 많은 사람들을 만나되, 그 사람의 능력을 떠나서 먼저 인간성을 확인해보아야 합니다. 좋은 인간성을 가진 사람들과 관 계를 맺다보면 그 안에 서울대를 나온 사람도 있을 수 있고, 지방대 를 나온 사람도 있을 수 있습니다. 앞서 이야기했듯이 좋은 사람이 라고 생각해서 만났던 사람들이 경찰이 되고 부동산을 차리면 그저 감사할 뿐이지요. 능력을 보고 맺은 어설픈 거짓관계보다 인간성을 보고 관계를 맺은 사람들이 결과적으로 살아가면서 더 큰 도움을 주고 힘이 될 것입니다.

그 누구든 진심으로 대하라

앞서 수차례 언급했던 '진심의 힘'은 인간관계에서도 중요한 역 할을 합니다. 사람들과 관계를 맺다보면 때로는 좋은 관계를 유지 하기 위해 마음에도 없는 말을 할 때가 있습니다. 또 상대를 생각해 서 했던 내 행동이나 말을 상대가 알아주지 못해서 마음 상해 하는 경우도 종종 생기지요. 언젠가 애인과 헤어지고 온 제 친구가 이런 말을 했습니다.

"나는 애인에게 한 번도 화 낸 적이 없어. 애인이 화를 내도 다 받아주고 원하는 대로 다 맞춰줬어. 그런데 이런 내 마음을 하나도 몰라주더라고. 섭섭해서 이런 이야기를 했더니, 왜 지금까지는 괜찮은 척하더니 이제 와서 이런 말을 하느냐는 거야."

꼭 연인관계가 아니더라도 대부분의 인간관계가 이런 식으로 이루어집니다. 내가 아끼는 사람일수록 화가 나도 최대한 참아주고 맞춰주고 들어주지요. 하지만 그러다보면 시간이 흐를수록 마음의 병이 생깁니다. 내 마음을 끝까지 몰라주는 사람들에게서 상처받고 아파하지요. 나중에는 점점 사람을 피하게 되고 친구도 함부로 못 사귀는 상황까지 옵니다. 왜 그럴까요? 자신이 관계 맺는 방식이 좋은 인간관계를 만들어줄 것이라고 생각했기 때문입니다. 화를 내야 할 상황에서 화를 내지 않고, 어떤 부탁이든 들어주는 것이 좋은 사람이라고 생각한 것이지요. 처음부터 자신이 상대방을 속이면서 관계를 유지해왔으면서, 그것이 진심이었다고 착각하며 살아온 것입니다.

화를 내는 것과 화가 난다고 말하는 것은 다릅니다. 거절하는 것과 거절하고 싶다고 말하는 것도 다르지요. 자신을 속여 가면서까지 다른 사람들에게 좋은 면만 보이려는 생각을 버려야 마음의 병이 안 생깁니다. 만일 자기 전에 '그때 그냥 싫다고 말할 걸', '그때 거절을 했어야 했는데' 하는 생각이 드는 관계라면 당장은 좋을지 몰라도 나중에는 스스로 그 관계를 끊게 될 것입니다. 주변에서도 모두 좋은 관계라고 생각했었을 테니 위로 받을 데도 없지요.

삶은 비즈니스가 아닙니다. 어떤 이익을 챙기기 위해 혹은 어떤 대가를 받기 위해 진심을 숨기고 관계를 맺고 있지는 않은지 스스로에게 물어보아야 합니다. 그래서 진심이 중요합니다. 친하든 아니든 심지어 처음 보는 사람에게도 진심을 표현하는 용기를 가져야합니다. 내가 상대방을 위로해주고 함께 울어주었다면, 나 역시 상대방에게서 그런 진심을 느낄 수 있어야 합니다. 여러분은 모두 따뜻한 사람입니다. 그만큼 여러분과 함께 울어줄 따뜻한 사람들이 많다는 사실을 알아야 합니다.

사실 자신을 속여 가며 거짓된 진심을 품은 사람들은 대부분 따뜻한 사람들입니다. 그렇게라도 좋은 관계를 유지하고 싶고, 사랑받고 싶어 하는 사람들이지요. 하지만 '나만 힘들겠어? 나보다 힘든 사람도 얼마나 많은데…'라고 생각하며 이겨내려다 결국 '이젠 못 버티겠다' 하며 무너지는 것입니다.

진실한 마음의 문을 열어야 합니다. 원치 않는 일을 거절하기 어려우면 도움을 줄 수 있는 다른 사람을 함께 알아보면 됩니다. 화가 나는데 참고 싶다면 솔직하게 듣기 좋은 말로 순화시켜서 '기분이 조금 나빴다'라는 사실을 전하면 되는 것입니다. 그런 진실한 모습이 오히려 인간미 있고 좋은 성격으로 보입니다.

인간관계의 핵심은 '진심'

넓은 인간관계는 얕은 관계일 수밖에 없다고 생각하는 사람들이 많습니다. 모두에게 진심으로 대하지 않기 때문이지요. 하지만 많은 사람들과도 깊은 관계를 맺을 수 있습니다. 우리가 사람들과 관계를 맺으면서 늘 소중한 사람과의 관계만 챙기고 그밖의 사람들과의 관계는 쳐내며 살 수는 없습니다. 그래서 넓은 인간관계에서도 모든 사람을 진심으로 대하는 태도가 중요합니다.

10명에게 진심을 표했다면 7명은 알아줄 것입니다. 나는 솔직하게 진심을 표현했으니 나머지 3명 때문에 마음의 병이 생길 일도 없습니다. 오히려 7명에게 감사해 하며 살겠지요. 이런 마음으로 100명을 만나고 1,000명을 만나는 것입니다.

반대로 거짓된 진심을 10명에게 표현했는데 한 명이라도 내 마음을 알아주지 않는다면 그 사람과의 관계에 대한 고민으로 잠을 못 이룹니다. 이렇게 100명을 만나고 1,000명을 만나면 어떻게 될까요? 어쩌면 절대 낫지 않는 심각한 마음의 병에 걸려서 삶을 포기하게 될지도 모릅니다.

진심을 표현하는 순간 보이지 않던 '나의 아픔'이 보이기 시작합니다. 남들이 위로받고 싶었던 아픔들이 여러분이라고 없을까요? 서로 위로받고 위로해주고 사랑하고 사랑받는 것이 인생입니다. 여러분이 손을 내밀어준 만큼 여러분에게 도움의 손길을 주는 사람의 손도 잡아보세요. 그렇게 조금씩 넓고 깊은 인간관계를 만들어가는 것입니다.

2부를 마치며_
대화를 통해 느끼는 행복

여러분은 물에 대해 어떻게 생각하나요? 대부분 살기 위해 마시지만, 때로는 생각지 못한 청량감을 느끼기도 합니다. 그 청량감이 무슨 맛인지 설명하기는 어렵지요. 뭔가 뻥 하고 뚫리는 느낌인데 시원한 것과는 분명 다른 느낌입니다. 저는 사람들과 나누는 대화나 소통이 물과 같다고 생각합니다. 우리는 사람들과 관계를 맺기 위해 수많은 대화를 나누지만, 그런 대화 속에서 예상치 못한 행복이 따라올 때가 있습니다.

'너와 함께여서 더 행복했다.'

'네가 내 곁에 있어줘서 다행이다.'

이런 행복이 느껴지지요. 이것이 어떤 행복인지는 설명하기 어렵습니다. 그저 물을 마실 때 생각지 못하게 느끼는 청량감과 비슷하다고 할까요. 그냥 소소하지만 행복한 느낌입니다.

대화를 통해 느끼는 이런 행복이 어디에나 존재한다고 생각해보세요. 물은 어디에나 있습니다. 우리의 눈앞에도, 대기 중에도, 땅속에도 있지요. 대화도 그렇습니다. 어디에나 존재하는 대화를 통해 우리는 행복을 느낄 수 있습니다. 그런데 어떤 이들은 그런 작은 행복조차 마음속에 큰 자물쇠를 걸어두고 막아 버립니다. 마음속 작은 섬에서 아무도 들어오지 못하게 하고 혼자 살고 싶어 하는 사람이 있습니다. 하지만 그런 사람이라고 대화를 하지 않고 살아갈까요? 내면과도 대화하고, 사물과도 대화하고, 혼자말로 자기 자신과 대화하기도 합니다. 타인과 대화하지 않는 대신 다른 식으로 대화할 방법을 찾는 것이지요.

아무리 좋은 피아노라도 조율을 하지 않으면 좋은 소리를 내지 못하듯 인간관계에도 조율이 필요합니다. 아무리 쓸도없는 돌이라도 2개의 돌이 부딪히면 불꽃을 만듭니다. 왜 불꽃이 만들어질까요? 두 돌이 어떻게든 만났기 때문입니다. 여러분도 사람들과의 관계에서 그 작은 불꽃을 만들어내야 합니다. 대화라는 부딪힘을 통해서 말이지요. 옆에 있는 소중한 친구와 먼저 시작해보세요. 되도록이면 많은 대화를 나누세요. 그런 대화를 통해 추억, 그리움, 행복이라는 불꽃이 만들어질 것입니다.

영화 〈굿 윌 헌팅〉에서 MIT의 교수 숀 맥과이어(로빈 윌리엄스)는 자신의 천재성에 빠져 사는 윌 헌팅(맷 데이먼)에게 이런 말을 해줍니다.

맥과이어 교수는 헌팅과 상담을 하며 2년 전에 죽은 자신의 아내를 추억합니다. 그러면서 아내와의 멋진 추억들보다는 사소한 기억들이 더 많이 남아 있다고 말합니다. 대부분 아내의 작고 귀엽고 앙증맞은 버릇들이었습니다. 아내가 자면서 방귀를 뀌었던 일 같은 기억들과 사소한 대화들이 아직까지 생생하다고 합니다. 남들은 웃음거리나 단점으로 보았을 아내의 버릇들을 맥과이어 교수는 반대의 시선으로 바라본 것이지요.

생각해보면 저 역시 부모님과 친구들과의 이런 사소한 기억들이 행복으로 다가오는 듯합니다. 제 어머니는 늘 설거지를 요가자세로 합니다. 아버지는 취해서 들어오신 날에는 저에게 안 하던 뽀뽀를 해주고 주무시지요. 제 친한 친구는 항상 재밌는 비교거리를 가져와 물어봅니다. "성격이 안 좋은 김태희랑 성격이 좋은 오나미 중에 결혼을 해야 한다면 누구와 결혼할 거야?" 이런 식의 엉뚱한 질문들입니다. 멋지고 화려한 추억보다 소소하지만 재밌는 부모님의 모습과 평범하지만 저만 알고 있는 친구의 습관이나 대화들이 기억에 남아 있더군요. 여러분도 지금 옆에 있는 부모님, 애인, 친구들과 대화를 통해 소소한 행복을 찾기를 바랍니다.

지금 옆에 있는 소중한 사람에게 사랑한다고 말해 보세요.
지금 옆에 있는 친구와 함께 울어 보세요.

집에 들어가 이불을 뒤집어쓰고 생각해보세요.

우리는 행복을 꽤나 먼 곳에서 찾으려 하고 있습니다.

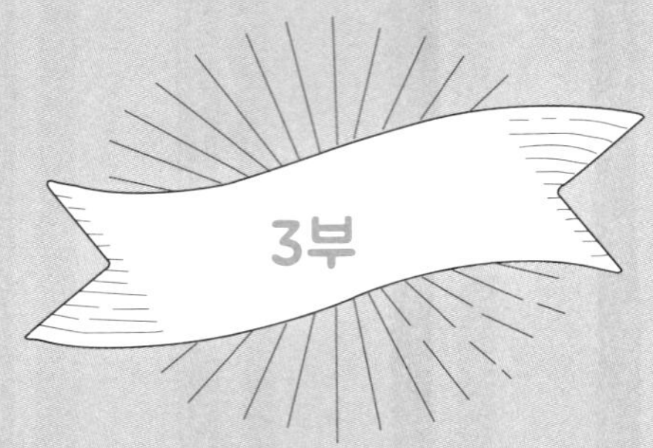

내 멋대로 만드는
꿈과 성취의 행복

지금의 10,20대들은 너무 빨리 보물을 찾고 싶어 하다 보니 출발조차 하지 못합니다. 너무 많은 것들을 한 번에 이루려 하니 아무것도 이루지 못하지요. 이 길은 아닌 것 같고, 더 빠른 길이 있을 것 같다고 생각하다 결국 꿈에 다가가 보지도 못한 채 포기하게 됩니다. 꿈은 있는데 다가가지 못한다면 그건 꿈이 아니라 별입니다. 바라보기만 하잖아요.

1장!

꿈을 찾으셨나요?

두려움 없이 도전하라

지금까지 많은 10,20대들의 이야기를 들어주고 상담하면서 느낀 것은 단 한 가지였습니다. 대부분의 10,20대들이 미래에 대한 선택의 폭이 좁아졌다고 생각하고 자신의 꿈을 조금씩 잃어가고 있다는 사실이었습니다. 10,20대들이 가장 많이 상담을 요청하는 고민은 이것이었습니다.

'나는 진정 내가 하고 싶은 일이 뭔지 모르겠어.'

너무 안타까웠습니다. 이런 고민이 깊어지다 보면 어느 순간 '나는 내가 왜 사는지 모르겠어'로 바뀌기 시작합니다. 자신이 서 있을 자리를 찾지 못하고 방황하기 시작하지요. 주변을 둘러보고 뭐든

해야겠다는 생각은 들지만 막상 다가가 보니 자신이 진정 원하는 일이 아니라는 생각이 들어 또 망설이기를 반복합니다.

스스로 밀어내는 성취의 행복

성취 없이 인생을 보내기에는 우리의 삶은 너무나 짧습니다. 멋지고 훌륭하지 않더라도 나만의 사명감을 느낄 만한 꿈과 목표가 있어야 합니다. 어떤 직업이든 어떤 계획이든 스스로 실행해보는 과정에서 행복을 느낄 수 있는 무언가가 반드시 존재해야만 우리는 더 나은 삶을 향해 나아갈 수 있습니다.

성취를 통해 어떤 행복을 찾을 수 있을까요? 왜 이런 이야기를 하냐고요? 지금의 10,20대들은 행복을 상당히 원초적인 눈으로 보고 있습니다. 돈이 생기면 행복해 하고, 내일까지 끝내야 할 과제가 미뤄지면 행복해 하고, 이성 친구와의 섹스에 행복하 합니다. 그러면서 성취를 통해서는 절대 행복을 얻을 수 없으며, 성취에서 오는 보상은 고통과 시련뿐이라고 생각합니다. 얼마 전 제 친구가 저에게 이런 말을 하더군요.

"내일 아무것도 안 한다는 걸 생각하니까 너무 행복해."

가슴이 턱 막히는 기분이었습니다. 도대체 아무것도 안 하는 것이 어떻게 행복할 수 있는지, 이것은 정말 문제라고 생각했지요. 원하는 일이 아니기에, 원하는 학과에서 공부하고 있지 않기에 하루의 휴강과 휴식이 행복한 것입니다. 지금의 10,20대들에게는 이런 사고가 너무 자연스럽습니다. 어릴 적 꿈꿔왔던 목표는 어느 순간 사라졌고, '될 방법'보다는 '안 될 방법'을 찾으려 애쓰는 사고방식을 자연스럽게 갖게 됩니다. 이렇게 성취의 행복을 스스로 밀어내며 살아갑니다.

물론 지금이 10,20대들이 꿈을 찾는 데 좋은 환경은 아닙니다. 어릴 적에는 부모님의 강요에 원하지 않는 공부를 하는 경우가 허다하고, 거기에다 사교육에도 시달려야 하지요. 그리고 자신이 관심이 있는지 없는지도 모르는 학과에 들어가서 그럭저럭 학점을 받아내고 결국 원하는지 원하지 않는지도 모르는 회사에 입사합니다. 이런 삶에서 행복을 찾으라면 저부터라도 원초적인 행복에 눈이 멀어 살아갈 것입니다. 꿈이 없는, 혹은 꿈은 있지만 다가가지 못하는 10,20대들이 먼 훗날 자신의 모습을 납득할 수 있을까요?

도전과 두려움 사이

'나는 진정 내가 하고 싶은 일이 뭔지 모르겠어'라고 고민하는 친구들에게 저는 항상 같은 질문을 합니다.

"그럼 네가 하고 싶었던 일은 없었어? 지금까지 네가 관심을 갖고 해보고 싶었던 일 말이야. 살면서 이런 직업은 진짜 갖고 싶었다던가, 이 일은 정말 매력 있게 느꼈다던가…"

어떻게든 꿈을 찾게 해주고 싶었지요. 대부분의 친구들이 찾지 못하더군요. 저는 도무지 이해할 수가 없었습니다. 하물며 노래 들기를 좋아하면 가수의 꿈을 가질 수도 있고, 음식 만드는 데 흥미가 있다면 멋진 요리사의 꿈을 한 번쯤 품어볼 수도 있는데 말이지요. 이런 의문은 예전에 한 선배가 해준 말을 떠올리고 나서야 풀 수 있었습니다. 잠깐 그 이야기를 해보겠습니다.

저는 음악에 대한 꿈이 있었습니다. 가수가 되고 싶었지요. 그 꿈을 이루기 위해 3년 정도 시간과 돈을 음악에 투자했습니다. 부모님의 반대로 새벽에 몰래 연습하거나 밖에서 연습해야만 했지요. 음악장비를 사는 데에도 돈이 꽤나 들어서 용돈을 모아 하나하나 장만하기가 쉽지 않았습니다. 이렇게 음악에 모든 것을 투자하면서 나름대로 열심히 노력했지만 결과물들이 생각보다 마음에 들지 않았습니다. 일은 생각처럼 잘 풀리지 않았고 돌아오는 것은 실패와 좌절뿐이었지요. 그런데 이런 제 고민을 듣고 가까운 선배가 해준 말이 죽어있던 제 생각을 깨어나게 했습니다.

"아직 어리잖아. 너는 음악 말고도 잘할 수 있는 일이 많을 거야. 하고 싶은 일들, 도전하고 싶었던 일들도 해봐. 음악에 쏟은 노력만큼 지쳐 쓰러질 때까지 도전하고 실패해봐. 너무 급하게 미래를 정하지마. 너는 어리다는 것만으로도 충분히 무서운 존재야."

멋진 말이었지요. 저는 그때까지 제가 음악 말고 무엇을 잘할 수 있는지 한 번도 생각해본 적이 없었습니다. 음악 말고 다른 재능이 없다고 치부하며 살았지요. 선배의 말을 듣고 어릴 적 묻어두었던 강사라는 꿈을 다시 떠올리게 되었습니다. 많은 10,20대들과 함께 기존의 사고방식을 깨고 행복 없는 이 시대를 계몽해나가고 싶어졌습니다. 새로운 목표와 도전해야 할 과제가 생기고, 삶이 조금씩 새로워지기 시작했습니다. 선배의 말처럼 제가 아직 어리기에 두려움 없이 도전할 수 있는 일이었지요. 실패가 두렵지 않았습니다. 많은 것들에 도전하고 싶은 용기가 실패에 대한 두려움보다 훨씬 컸기 때문입니다.

이 일을 떠올려보니 제가 상담을 요청한 10,20대들에게 '흥미를 가졌던 것을 떠올려 보라'고만 했지, '흥미를 찾아보라'고 말해주지 못했다는 사실을 깨달을 수 있었습니다.

무슨 일이든 지금 당장 흥미 있는 일을 시도해보세요. 무언가에 도전하는 일은 어떤 방식으로든 우리를 성장시킬 테니까요. 물론 반드시 여러분의 '흥미'가 '꿈'이 되지는 않을 수 있습니다. 하지만 그 과정에서 또 새로운 흥미와 과제가 생겨날 것입니다.

저 또한 그랬습니다. 음악에 대한 흥미와 선배의 조언이 전부였습니다. 처음에는 음악장비를 사기 위해 학원에서 수학을 가르치기 시작했지만, 수학을 가르치다 아이들에게 해준 좋은 이야기들을 책에 담고 싶어졌고, 그런 과정에서 강사라는 꿈이 생겼습니다. 흥미 있는 일에 대한 과감한 도전은 최종적으로 새로운 꿈과 과제를 만들어줄 것입니다. 괴테가 한 이런 말처럼 말이지요.

'당신이 할 수 있거나 할 수 있다고 꿈꾸는 그 모든 일을 시작하라. 새로운 일을 시작하는 용기 속에 당신의 천재성과 능력 그리고 기적이 모두 숨어 있다.'

꿈이 없다면
재능을 찾아라

또 한 가지 제가 요즘의 10,20대들에게서 느낀 점은 자신의 재능을 무시하고 산다는 것이었습니다. 앞서 이야기한 꿈과 재능은 연결되어야 하기 때문에 잠시 재능에 대한 이야기를 하겠습니다.

사람은 평생 뇌의 10%도 쓰지 못하고 죽습니다. 천재 과학자로 일컬어지는 아인슈타인도 여기서 크게 벗어나지는 못했지요. 빛이 에너지 덩어리로 이루어졌다는 광양자설을 비롯해 브라운운동 이론과 물리적 시공간에 대한 논리를 완전히 뒤엎어버린 특수상대성 이론을 발표한 아인슈타인조차 뇌의 15% 밖에 사용하지 못하고 죽었습니다.

그렇다면 만일 우리가 활용하지 못하는 나머지 90%의 뇌를 딱 잘라내더라도 정상적인 삶이 가능할까요? 아마 아닐 것입니다. 그

90%의 뇌 역시 분명 우리가 모르게 어떤 특별한 기능을 하고 있을 테니까요. 저는 재능도 마찬가지라고 생각합니다. 분명 특별한 재능이 우리가 인지하지 못하는 어딘가에 잠자고 있을 것이라는 이야기이지요.

내 손바닥 안에 숨겨진 재능 찾기

현재 여러분이 개발하고 있는 자신만의 재능을 무시하라는 말이 아닙니다. 다른 재능을 발견할 기회를 놓치지 말라는 뜻이지요. 우리는 대부분 숨겨진 재능들을 활용할 기회를 잃고 살아갑니다. 대부분 잘할 수 있는 일만 시도하고, 새로운 것에 대한 도전을 두려워하지요. 지금까지 이루어놓은 것들이 아까워서 혹은 새로운 도전에 실패했을 때 잃게 될 시간이나 돈을 생각하며 망설입니다.

늘 하던 일을 하니 늘 얻는 것만 얻을 수밖에요. 때로는 새로운 분야에 도전해서 재능을 찾으려고 노력해야 합니다. 꿈을 찾아가는 과정에는 왕도가 없습니다. 나이순도 경력순도 아니지요. 서른 살이 넘어서 회사를 때려 치고 새로운 재능을 찾아 도전하는 사람들이 멍청한 것일까요? 열심히 공부해서 법대나 의대에 들어간 학생이 자퇴를 하고 진짜 하고 싶었던 일에 도전하는 것이 멍청한 짓일까요? 저는 조금 늦더라도 '성취의 행복'을 느끼기 위해 도전하는 그들에게 응원의 박수를 쳐주고 싶습니다.

이 말처럼 그런 사람들은 늘 누군가를 쫓으며 자신의 손등만 보다가 뒤늦게서야 자신의 손바닥 안에 빛나고 있는 자능을 찾은 것입니다. 제 친구의 어머니는 현재 대학생입니다. 처음에 그 말을 듣고 깜짝 놀랐습니다. 만 50세에 가까운 분이 대학생이라니요. 관광학을 공부하고 싶어서 다시 대학에 들어가셨다고 하더군요.

너무 대단하지 않나요? 당연히 여러분도 아직 늦지 않았습니다. 지금이라도 여러분의 재능을 찾기 위해 노력해야 합니다. 지금이 아니면 정말 많은 것들을 포기해야 합니다. 누군가의 꿈이나 목표를 따라가며 손을 뻗지 말고 여러분의 손 안에서 빛나고 있는 재능을 다시 들여다보세요. 그러다보면 어느 순간 반드시 그 재능에 걸맞은 여러분만의 꿈이 생길 것입니다.

그래서 저는 지금 행복하냐고요? 사실 많은 사람들의 이야기를 들어주고, 제가 책임져야 할 일을 하며, 저의 꿈을 위해 노력하기에는 시간이 너무 부족합니다. 저는 잠을 자지 못하면 잇몸에 구내염이 생깁니다. 다래끼도 시시때때로 스멀스멀 올라오지요. 어느 날은 거울에 비친, 구내염과 다래끼가 생긴 제 모습이 자랑스러웠습니다. 구내염과 다래끼는 제가 항상 열심히 살고 있다는 증거였고 행복하다는 증거였기 때문이지요.

이런 성취감과 행복은 '꿈'이 있기에 얻을 수 있습니다. 여러분 역시 언제나 도전할 수 있고, 새로운 목표를 세울 수 있고, 그 목표 위에 꿈을 세울 수 있습니다. 그 사실을 인지하는 것만으로 행복할 자격이 충분합니다. 꿈을 찾으세요. 그것이 '성취의 행복'을 향한 첫 발걸음이 될 것입니다.

보물을 찾고 싶다면
보물지도부터 만들어라

"선생님, 이 문제 못 풀겠어요."

"구분구적법을 사용하는 문제가 아닐까?"

"아! 원래 아는 건데….."

학원 제자 중에 질문을 자주하는 학생이 한 명 있었습니다. 항상 고민하다 찾아와서 질문하면 한 문장으로 요약해서 힌트를 주곤 했지요. 힌트를 듣고 나면 언제 질문을 했냐는 듯 문제를 술술 풀어나갑니다. 방향만 잡아주면 스스로 노를 저어 잘 나아가는 것이지요.

목표에 다가가는 방식

이것은 단순히 듣고 넘어갈 이야기가 아닙니다. 정확하게는 질문을 하기 전에 그 학생은 문제를 풀지 못하는 상태라고 볼 수 있습니다. 그 학생에게는 방향을 잡는 것이 무엇보다 중요한 문제였지요. 수학공식을 달달 외우고 있어도 언제 사용하는지 모른다면 문제를 푸는 데 아무런 도움이 되지 않습니다. 해적에게 훌륭한 배는 있지만 보물섬의 위치를 알려줄 보물지도가 없는 셈이지요.

요즘 10,20대들은 알고 있는 문제를 푸는 능력이 뛰어납니다. 우리나라 교육이라는 것이 외워서라도 해결하면 그만이기 때문이지요. 풀이를 외워버리니 수학도 암기과목이라는 이야기가 나오는 것입니다. 정작 중요한 '문제에 다가가는 방식'에 대한 능력은 부족한데 말이지요.

이루고 싶은 목표를 정했다면 어떤 방식으로 다가갈지에 대한 지도가 필요합니다. 여러분이 사회생활을 하면서 맞닥뜨리는 모든 현상이나 문제들은 기존에 알고 있던 것들과는 전혀 다른 형태일 것입니다. 그것들을 풀 수 있는 공식 따위는 존재하지 않지요. 수능문제처럼 정답이 딱 하나뿐인 문제들은 별로 없습니다. 늘 주어진 상황에서 최선의 방법을 찾아낼 것을 요구당합니다. 따라서 문제해결 이전에 '문제에 다가가는 방식'과 어떤 길이 더 좋거나 빠른 길인지를 찾아내는 것이 중요합니다.

이것은 '성취'에 있어서 굉장히 중요한 부분입니다. 뚜렷한 목표가 생긴 여러분 앞에 다음 관문이 서 있는 것입니다. 다가가는 방식에 대해 고민하고 망설이는 순간이지요.

'내가 이렇게 하는 게 잘하고 있는 걸까?'

‘괜히 시간낭비 하는 거라면 어떡하지?’

나만의 보물지도 만들기

제 친구 한 명은 뮤지컬 배우를 꿈꾸고 있습니다. 그 친구는 고민 끝에 서울에 있는 작은 뮤지컬단에서 주로 청소를 도맡는 말단 단원으로 들어갔습니다. 아는 지인이 같은 과정을 거쳐서 지금은 훌륭한 뮤지컬 배우로 활동하고 있다는 말이 스스로를 자극시켰다고 하더군요. 그만큼 힘들어도 그 안에서 청소를 하며 뮤지컬에 대해 조금씩 배워보고 싶었던 것이지요. 그로부터 1년 만에 다시 만난 그 친구가 이런 이야기를 했습니다.

“이 길이 아닌 거 같아. 하지만 절대 뮤지컬 배우의 꿈은 버리지 않을 거야. 그래도 많은 걸 배웠고 갈피를 좀 잡을 수 있을 것 같아. 앞으로 혼자 공부하면서 더 좋은 방법을 찾아보려고.”

그 친구는 청소를 하면서 보낸 1년의 시간을 단지 ‘시간낭비’라고 생각하지 않았습니다. 원하는 성과는 얻지 못했지만 그것을 절대 ‘실패’라고 단정하지 않았지요. 1년이라는 시간 동안 얻은 뮤지컬에 대한 지식과 경험들 그리고 더 좋은 길을 선택할 기회를 얻었다는 사실만으로도 충분히 성공적이라고 생각한 것입니다.

같은 맥락의 다른 사례가 있습니다. 언젠가 학원에서 모의고사 문제를 풀던 한 학생이 실망한 표정으로 저에게 이런 이야기를 했습니다.

"도대체 그 누가 이런 풀이를 생각해낼 수 있을까요? 저는 이런 방식으로 푸는 문제인지 상상도 못했어요."

저는 그 학생의 연습장에서 문제를 풀기 위해 수많은 방법을 시도한 흔적을 발견할 수 있었습니다. 실망은 아무나 하는 것이 아닙니다. 미친 듯이 고민해보고 나의 지식으로 해낼 수 있는 모든 방법을 동원해도 통하지 않을 때, 떳떳하게 할 수 있는 말이 '실망'입니다. 그래서 저는 정답은 맞추지 못했지만 그 학생이 자랑스러워서 이렇게 말해주었습니다.

"그래도 너는 다음에 이것과 비슷한 유형의 문제를 만났을 때 방금 시도한 방법들을 다시는 사용하지 않을 수 있게 됐잖아? 정답을 맞히는 것보다 이 방법이 아니라는 사실을 알게 된 것이 더 값진 거야."

성취도 마찬가지입니다. 이 길, 저 길 모두 걸어보고 아니면 지도에서 지우면 됩니다. 물론 우연히 처음부터 가장 빠른 길을 찾게 될지도 모릅니다. 하지만 성취에 있어서 그런 경우는 극히 드물지요. 돌아가는 길에서 배우는 것들이 때로는 더 값질 때가 있습니다. 모두가 아니라고 말해도, 모두가 말리는 길이어도 여러분이 옳다고 생각되면 걸어보세요. 길이 이어지는 곳으로만 향하지 말고 그저 발이 향하는 데로 나아가보십시오. 새로운 길을 만들고 그 길 위에 여러분만의 흔적을 남기는 것입니다. 앞서 사례의 학생이 연습장에 남긴 흔적들처럼 말이지요.

저는 이런 과정이 나만의 보물지도를 만드는 방법이라고 생각합니다. 여러분이 이 길이 맞다고 생각하면 일단 끝까지 걸어보아야 합니다. 그리고 '아! 이 길이 아니구나' 싶을 때 다른 길을 걸어도 늦지 않습니다. 양손을 함께 사용해서 공을 굴리는 볼링 선수가 있습니다. 호주 출신의 제이슨 벨몬트라는 선수입니다. 부모님이 볼링장을 운영했지만, 벨몬트는 힘이 약해서 어릴 때부터 양손으로 볼링공을 굴리던 습관을 고치지 못한 것이지요. 지금은 어떻게 되었을까요? 옳은 길을 걷지 못한 그가 실패했을까요? 그는 지금 세계 최고의 볼링 선수로 활약하고 있습니다. 그는 자신의 방식에 대해 이렇게 이야기합니다.

"처음엔 아무도 인정하지 않았어요. 많은 사람들이 저를 바보 같다고 놀렸지요. 하지만 그게 제가 경기하는 방식이었고, 증명해냈습니다. 지금은 매우 자랑스럽습니다."

〈YTN 스포츠뉴스 이경재 기자 인터뷰 중에서〉

만약 벨몬트 선수가 아무도 인정하지 않을 때 스스로를 바보 같다고 생각했다면 지금의 결과가 있었을까요? 그는 모두가 아니라고 했지만, 그 길이 아니라고 말렸지만 자신만의 길을 고집했습니다. 결국 그 길이 맞았지요. 이런 것이 바로 보물을 찾는 자세입니다.

모든 길은 하나로 통한다는 확신

얼마 전 가족과 함께 오디션 프로그램인 〈K팝스타〉를 보고 있었습니다. 이성은이라는 미국 텍사스에서 온 열다섯 살 소녀가 나오더군요. 그 소녀가 박진영 심사위원의 〈허니〉라는 곡을 기타연주와 함께 불렀는데 기가 막혔어요. 기타에 대한 지식은 별로 없지만 잘 모르는 사람이 들어도 빠져들게 하는 매력이 있었지요. 노래가 끝난 후 박진영 심사위원의 질문에 대한 그 소녀의 대답은 매우 충격적이었습니다.

박진영 : Did you ever study code?

이성은 : No, but it sounds cool.

"그냥 듣기 좋잖아요."

제 부모님은 이 말을 듣고 "쟤는 천재다, 대단하네"라고 하시더군요. 저는 눈물이 울컥했습니다. 저 소녀는 저 곡 하나를 연주하기 위해 기타학원을 다니거나 따로 공부를 한 적이 없었습니다. 그냥 듣기 좋은 음계를 찾아가며 코드를 하나하나 손으로 만져보고 만들어낸 것이지요. 그 과정을 상상하니 눈물이 안 날 수가 없었습니다. 이것이 바로 꿈을 찾아가는 자세라고 느꼈지요. 그 소녀가 코드를 익힌 방법이 시간이 오래 걸리고 무식한 것이라고 놀릴 수 있을까요? 여러분도 한 번 그 노래를 찾아서 들어보면 그 누구도 놀리거나 무시할 수준이 아님을 알 수 있을 것입니다.

제가 음악을 포기하고 책을 쓰겠다고 마음먹었을 때도 이와 비슷한 반응이었습니다.

"네가 아는 것들을 쭉 써봐야 A4 용지로 5장이나 나오겠냐?"

"네 나이에 책을 쓴 사람이 얼마나 된다고."

이런 말들을 수도 없이 들었지요. 하지만 쓰다보니 10장이 되고 어느새 100장이 되더군요. 방법은 중요하지 않습니다. 목표가 뚜렷하면 결국 다 같은 길로 통하게 되어 있습니다.

지금의 10,20대들은 너무 빨리 보물을 찾고 싶어 하다 보니 출발조차 하지 못합니다. 너무 많은 것들을 한 번에 이루려 하니 아무것도 이루지 못하지요. 이 길은 아닌 것 같고, 더 빠른 길이 있을 것 같다고 생각하다 결국 꿈에 다가가 보지도 못한 채 포기하게 됩니다. 꿈은 있는데 다가가지 못한다면 그건 꿈이 아니라 별입니다. 바라보기만 하잖아요.

천천히 가더라도 이 길, 저 길을 지워가며 원하는 목표를 향해 달려가 보세요. 그 길에서 만나는 사람들, 시간들, 경험들을 느끼고 배우십시오. 새로운 길을 개척한다고 생각해도 좋습니다. 방향을 정확하게 잡았다면 여러분이 선택한 모든 길들은 결국 하나로 통할 것이라는 확신을 갖고 보물을 찾아 출발하십시오.

'척 하기' 습관을 들여라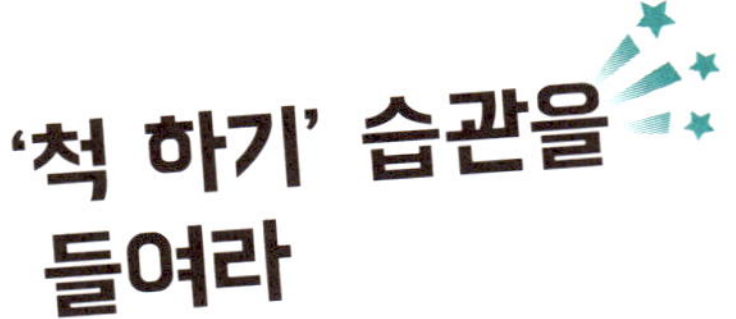

제가 가장 좋아하는 문학가 도스토예프스키의 명언입니다. 돌이
켜보면 저 역시 어릴 적부터 남에게도 거짓말을 해왔지만, 제 자신
에게 한 거짓말이 훨씬 많은 것 같습니다. 제가 도스토예프스키의
명언을 꺼낸 이유는 지금부터 이야기하려는 주제인 '척 하기'가 바
로 그런 거짓말이기 때문입니다.

야자시간에 '공부하는 척'을 하는 학생은 선생님에게 공부를 하
고 있다고 거짓말을 하고 있는 것입니다. 소개팅에서 이미테이션
명품시계를 차고 '부자인 척' 하는 남자도 상대방에게 나는 부자라

고 거짓말을 하고 있는 것이지요. 이처럼 척 하기는 주로 순간의 위기를 모면하기 위한 수단으로 사용됩니다. 들통 나는 것은 시간문제이지요. 공부하는 척을 한 학생은 시험성적이 결과를 말해줍니다. 가짜 명품시계를 차고 소개팅에 나간 남자는 몇 번 만나보면 부자가 아니라는 사실이 들통 나겠지요.

척 하기 습관의 어려움

이런 식으로 우리는 수 없이 많은 척 하기를 하면서 살아갑니다. 이렇게 보면 '척 하기'가 굉장히 나쁘게만 인식될 수 있습니다. 그런데 그런 '척 하기'가 지금의 저를 만들었습니다. 저 역시 '척 하기'를 나쁘게 사용해왔습니다. 그 버릇은 성인이 되어서도 쉽게 고쳐지지 않더군요.

제가 스무 살 때 매일 가는 카페가 있었습니다. 그 전에는 카페라는 곳을 갈 기회가 별로 없었는데, 막상 성인이 되어서 가보니 사람구경도 재밌고 공부하기에도 나쁘지 않은 환경이어서 매일 같이 가게 되었지요.

카페에는 혼자서 책을 읽는 사람들이 꽤나 많았습니다. 그 중에서 제 눈에 너무 멋있어 보이는 남자가 한 명 있었습니다. 탁자 위에는 따뜻한 아메리카노 한 잔과 담배와 라이터 그리고 책이 놓여 있었지요. 저는 스무 살이 되기 전에 읽은 책이 채 10권도 되지 않습니다. 책과는 거의 담을 쌓다시피 살아온 것이지요. 그 남자를 본

이후 저는 책 100권 읽기를 목표로 세웠습니다. 솔직히 책에는 크게 관심이 없었고, 그냥 그 남자처럼 멋있게 보이고 싶었지요. 그때부터 저는 카페에서 '책 읽는 척'을 하기 시작했습니다.

'책 읽는 척' 하기는 생각보다 고통스러웠습니다. 주위에서 이런 저런 책들을 추천해주었지만 눈에 잘 들어올 리가 없었지요. 그나마 제가 남들보다 조금 낫다고 내세울 것은 딱 하나, '끈기'뿐이었습니다. 무언가를 할 때마다 늘 주위 친구들보다 서너 배의 시간이 걸렸지만 어떻게든 끝을 보는 성격을 가진 것이 자랑 아닌 자랑이었지요. 그런 저에게는 '척 하기' 역시 남들보다 두세 배의 시간이 필요했습니다. 즉, '더 강한 끈기'가 필요했던 일이었지요. 바보 같다고요? 이야기를 끝까지 들어보세요. 저는 매일 같이 '끈기'와 '척 하기'를 결합하려고 노력했습니다. 책 읽기가 저에게 도움이 된다는 사실을 알기에 가능한 일이었지요.

제 친구가 해준 말입니다. 당시에 굉장히 공감한 말이어서 아직까지 기억하고 있습니다. 우리에게 세상 모든 지식 중 알고 있는 지식을 종이에 원으로 그려보라고 한다면 아마 작은 점보다도 작게 그려야 할 것입니다. 자동차의 헤드라이트가 아무리 강해도 어두운 밤을 전부 밝힐 수는 없습니다. 하지만 바로 앞에 있는 장애물 정도는 피할 수 있고 어디서 커브를 꺾어야 하는지 정도는 알 수 있게 해주지요. 친구가 해준 말을 듣고 나서 책을 접하니 몸은 가벼워졌지만 마음이 무거워졌습니다. 배울 수 있는 지식들이 너무나 많다는 사실이 저를 기쁘게도 하고, 답답하게도 만들었던 것이지요. 덕분에 저의 끈기는 더욱 단단해졌습니다.

'착각'과 '끈기'가 만들어낸 '현실'

그런데 신기한 사실이 무엇인지 아나요? 저의 '끈기'와 '척 하기'를 결합한 생활이 여섯 달 정도 흐른 후였어요. 어느 순간 머릿속에 혼란이 오기 시작하더군요. 일종의 착각일 수 있는데. 제가 '책 읽는 척'을 하고 있는지 진짜 '책 읽기'를 하고 있는지 헷갈리기 시작했습니다.

'착각이라는 건 그것에 대해 생각하면 할수록 더 크게 부풀어 올라 더욱 확실한 형태를 갖기 마련이다. 그리고 머지않아 그것은 착각이 아니게 될지도 모른다.'

소설은 잘 읽지 않는 편인데, 지인의 추천으로 읽은 무라카미 하루키의 《해변의 카프카》라는 소설에서 본 글입니다. 정말 착각이 아니었습니다. 아니, 제 착각은 착각이 아니게 되었습니다. 솔직히 너무 신기했지요. '책 읽는 척'을 하던 이정철이 어느 순간 '책을 좋아하는' 이정철이 되어 있었습니다. 뿐만 아니라 저는 '척 하기'를 다른 분야에도 적용하게 되었습니다. 무슨 일이든 '열심히 하는 척'을 했고 어떤 학문을 공부하든 '노력하는 척'을 한 것이지요. 물론 '끈기'와 함께 말이지요. 저는 정말로 남들이 공부를 잘한다고 인정할 정도의 이정철이 되었고, 무슨 일이든 열심히 노력하는 이정철이라는 평가를 받게 되었습니다.

습관은 고치는 것보다 만드는 편이 훨씬 빠릅니다. '척 하기'는 고치는 습관이 아닙니다. '끈기'를 붙여 만드는 좋은 습관이지요. 물론 긴 시간과 인내가 필요합니다. 저는 반년이라는 시간이 걸렸지만 여러분은 석 달이 걸릴 수도 있고 1년이 걸릴 수도 있습니다. 앞서 이야기했듯이 우리는 아직 어리고 배워야 할 것들이 많습니다. 제가 그랬듯이 여러분도 착각을 현실로 만들면서 스스로 성장하는 모습을 대견하게 지켜보기를 바랍니다.

편안함에 취해
살지 마라

'지각이다!'

어느 날 일어나보니 오전 10시였습니다. 9시에 시작되는 강의에 늦었다는 사실에 온몸에 소름이 돋았지요. 저는 초등학교 때부터 대학생이 되어서까지 지각이나 결석을 해본 적이 없습니다. 잘난 것 하나 없는 평범한 저에게는 최고의 스펙이었지요. 그런 제가 지각을 했다는 사실을 믿을 수가 없었습니다.

그날은 그 강의가 끝나는 10시 50분 이후에는 아무 강의도 없었던 날이어서 상당히 고민이 되었습니다. 대중교통을 타고 가면 보통 등교시간이 1시간 조금 더 걸립니다. 급하게 서둘러도 강의가 끝난 후에야 도착할 수밖에 없었지요. 하지만 택시를 타면 30분이면 갈 수 있습니다. 고민 끝에 저는 머리도 감지 않고 급하게 옷을 챙겨 입고 밖으로 나갔습니다. 때마침 택시가 정류장에 대기하고 있어서 바로 탈 수 있었지요.

그런데 그날따라 길이 막히더군요. 식은땀이 나기 시작했습니다. 학교 근처에 도착했을 때는 강의가 20분 정도 남아 있던 시간이었습니다. 다시 고민했습니다. 편하게 강의실 건물까지 택시를 타고 갈지, 내려서 뛰어갈지 말이지요. 고민 끝에 결국 택시에서 내려서 미친 듯이 강의실 건물로 달려갔습니다.

당시 강의실이 7층에 있었는데 엘리베이터까지 저를 도와주지 않았습니다. 강의는 10분도 안 남은 상태였고요. 저는 엘리베이터를 기다릴지 계단으로 뛰어서 올라갈지 또 다시 고민했습니다. 꾸물거리다 결국 계단으로 향했지요. 강의실에 도착했을 때는 강의를 마치는 분위기라서 들어가기조차 눈치가 보였습니다. 다행히 교수님이 지각으로 처리해주어서 기분이 좋았는데, 저는 이 일로 그보다 값진 것을 하나 얻었습니다. 그것이 지금부터 제가 할 이야기입니다.

쓸데없는 고민의 공통점은 '편안함'

서론이 길었지요? 그만큼 저에게는 값진 깨달음이었기에 자세한 상황설명이 필요했습니다. 제가 일어나서 학교에 도착하기까지는 채 50분이 걸리지 않았습니다. 그 짧은 시간 동안 제가 고민을 몇 번이나 했을까요? 학교를 가야 할지 말아야 할지, 택시를 타야 할지 말아야 할지, 계속 택시를 타고 갈지 내려서 뛰어갈지, 엘리베이터를 타고 갈지 계단으로 뛰어갈지, 이렇게 총 4번의 고민을 했습니다.

사실 저는 매번 고민을 할 때마다 정답을 알고 있었습니다. 특별한 사유 없이 학교를 빠지는 것은 게으름에 불과하다는 사실을, 늦지 않으려면 택시를 타야 한다는 사실을, 택시에서 내려서 뛰어가는 편이 더 빠르다는 사실을, 계단으로 뛰어올라가는 편이 더 빠르다는 사실을 모두 알고 있었지요. 그런데 왜 고민을 했을까요? 왜 정답을 알고 있는데 매번 고민을 했을까요?

이제 위의 4가지 고민들의 공통점이 보이나요? 바로 '편안함'이었습니다. 실제로 우리가 하는 고민들은 대부분 '나의 편안함'을 고려하기 때문에 생깁니다. 달리다보면 걷고 싶고, 걷다보면 서 있고 싶고, 서 있다보면 앉고 싶어집니다. 결국은 눕게 되겠지요. 우리는 술에 취하듯 '나의 편안함'에 취해 있습니다. 오늘 노력하지 않으면 내일이 힘들어진다는 사실을 알면서도 고민을 합니다. 정답은 이미 정해져 있고 우리는 이미 그것을 알고 있는데 말이지요. 그저 지금 편하고 싶은 것입니다. 손자병법 〈군형 편〉에는 이런 글이 실려 있습니다.

승병(勝兵) 선승이후구전(先勝而后求戰)

패병(敗兵) 선전이후구승(先戰而后求勝)

이기는 군대는 먼저 이기고서 그 후에 전투를 시작하고, 지는 군대는 전투를 벌여놓고 나서 그 후에 이기려 한다는 말입니다. 이순신 장군이 모든 전투에서 승리한 이유도 여기에 있습니다. 성취에 있어서 자신과의 전투가 두렵지 않은 사람은 전자이며, 자신과의 전투가 가장 두려운 사람은 후자라고 생각한다면 이해가 쉬울 것입니다.

우리는 정답을 알고 있습니다. 늘 전자 입장에 서 있지요. 이렇게 늘 승리하는 방법을 알고도, 단지 '나의 편안함' 때문에 조금씩 무너지고 마는 것입니다.

이미 알고 있는 정답을 고민하는 시간들

더 심각한 문제가 있습니다. 저는 쓸데없는 고민을 하는 데 소모되는 시간을 계산해보았습니다. 사소한 고민도 짧게는 1분 길게는 5분이 걸리더군요. 저를 포함해서 주변 사람들이 평균적으로 하루에 쓸데없는 고민을 하며 소모하는 시간을 계산해보니 20분 정도였습니다. 이를 1년으로 환산하면 7,300분이며, 시간으로 환산하면 122시간이 되고, 날 수로 환산하면 5일이 조금 넘습니다. 아직 어떤 심각한 문제인지 짐작이 안 되나요? 이런 쓸데없는 고민들 때문에 우리가 365일이 아니라 360일을 살고 있다고 하면 그 심각성이 느껴지나요?

"당신이 정말로 뭔가를 원한다면 기다리지 마라. 견디지 못하는 법을 스실리콘밸리의 한 기업가가 한 말입니다. 살아가는 데 있어서 자신만의 꿈과 목표가 없다는 것은 큰 문제입니다. 다행히 우리에게는 뚜렷한 목표와 꿈이 있습니다. 어느 날 신이 찾아와 편안하게 누워있는 사람에게 행복과 성공을 준다면 과연 누가 노력하며 살아갈까요? 설사 그런다한들 그게 진짜 성공이고 행복일까요? 여러분, 기다리지 마십시오. 편안함에 취해 있지도 마십시오. 우리는 이미 정답을 알고 있으니까요.

2장

시간과 자유로움 제한하기

시간을 포기하라

'포기하세요.'

성취의 행복을 이야기하다가 갑자기 포기하라니, 조금 이상한가요? 살다보면 종종 포기해야 하는 것들이 생깁니다. 오늘 놀고 싶다면 오늘 해야 할 목표를 포기해야 하며, 강의에 지각하기 싫다면 지금의 편안함을 포기하고 달려야 합니다. 중국집에서 고민 끝에 짬뽕을 포기하고 자장면을 시키면 옆 사람이 먹고 있는 짬뽕이 그렇게 맛있어 보일 수가 없습니다. 이렇듯 우리의 삶은 하나를 얻으면 하나를 포기해야 하는 경우가 대부분입니다. 그래서 포기에는 늘 '대가'나 '보상'이 따릅니다. 제가 질문을 하나 하겠습니다.

'여러분은 '성취의 행복'을 위해 무엇을 포기할 건가요?'

좀처럼 오지 않는 '내일'이라는 시간

21세기는 너무나 발전해 있습니다. 스마트폰만 있어도 일주일을 심심치 않게 살 수 있을 정도니까요. 뿐만 아니라 당장 눈 앞에서 우리를 유혹하는 놀거리들이 수두룩하지요. 10,20대들은 특히 그렇습니다.

당장 해야 할 일들을 알고 있지만 우리는 매일 고민합니다.

'오늘 놀고 내일 더 열심히 하면 되지 않을까?'

참 이상하게도 그 '내일'이라는 날은 좀처럼 오지 않습니다. 결국 다음 날도 허비하고 내일의 내일을 기약하게 만들지요. 저는 목표를 퍼즐이라고 생각했습니다. 하루는 그 목표를 이루기 위한 조각 중 하나이고요. 한 달의 목표라면 30개의 퍼즐이 필요했고, 한 해에 이룰 목표를 세웠다면 365개의 조각이 있어야 완성할 수 있다고 생각했습니다.

저도 노는 것을 좋아합니다. 술도 좋아하고요. 친구들과 가끔은 여행도 가고 싶습니다. 그런데 조각을 잃기는 싫었습니다. 무언가 불안한 기분이었습니다. 지금껏 열심히 쌓아둔 모래성을 큰 파도가 한 번에 쓸고 가버릴 것 같은 기분이었지요. 답은 알고 있지만, 마음속에서 매번 둘 중 하나를 선택하라고 강요당하고 있다는 생각이 들었습니다.

그냥 마음 편하게 '오늘은 마시고 죽자!'라는 친구들을 보면 한심하다는 생각도 들고 부럽다는 생각도 들었습니다. 저는 이 문제를 해결하고 싶었습니다. 노는 것도 삶의 일부이고 친구와 술을 마시거나 여행을 가는 것도 소중한 시간 중 하나인데 둘 중 하나를 고르려니 너무 힘들었지요. 그래서 저에게 다른 방향으로 질문을 던져보았습니다.

'왜 둘 중 하나를 포기해야 하지?'

친구들과 보내는 시간도 행복한 추억을 쌓는 소중한 시간이고 나의 미래를 위해 투자하는 시간도 소중한데 둘 다 가질 수는 없을까? 욕심이 많은 편은 아닌데 이때만큼은 욕심이 생기더군요. 제가 정말 열심히 살려고 노력한다는 생각에 뿌듯하기도 했습니다.

시간을 포기했을 때 생기는 변화

'우리 모두가 가지고 있고 가장 소중하지만 가장 쉽게 포기하고 있는 것'

이게 무엇인지 알겠나요? 제가 찾은 해답은 바로 '시간'이었습니다. 시간을 포기하면 전부 해결된다는 사실을 깨달았지요. 그때부터 하루에 2시간씩만 자기 시작했습니다. 거의 1년 정도 이런 생활 패턴을 습관화했지요. 이것은 생각보다 무식하고 원시적인 방법이 아닙니다. 어쩌면 10,20대들에게는 가장 현명한 방법일 수 있습니다. 저는 매번 시간이 미웠습니다. 미친 듯이 열심히 사는 사람에게도 똑같이 하루는 24시간만 주어진다는 사실에 속이 쓰렸습니다.

제 자랑은 아니지만, 저는 지금까지 대학교에서 수석을 3번 했습니다. 머리가 남들보다 비상하지는 않습니다. 다만 시간을 포기했을 뿐이지요. 제가 없는 곳에서 친구들끼리 가끔 저를 두고 이런 이야기를 한다고 합니다.

"쟤는 매일 노는 거 같은데 집에서 잠은 안 자고 공부만 하는 거 아니야?"

정확했습니다. 저는 매번 솔직하게 이야기합니다. 잠을 포기했다고요. 친구들과 새벽까지 놀고 집에 들어오면 하고 싶은 일이나 공부를 하다가 쪽잠을 잤습니다. 솔직히 피곤합니다. 하지만 행복했습니다. 내가 좋아하는 일들과 친구들을 모두 챙기면서 하루를 살아간다는 행복과 피곤함은 비교대상이 될 수도 없고, 비교도 안 되었지요.

인생에서의 일들은 일반적으로 이렇게 4가지로 나누어집니다.

- 하고 싶은데 해야 하는 일
- 하기 싫은데 하면 안 되는 일
- 하고 싶은데 하면 안 되는 일
- 하기 싫은데 해야만 하는 일

이 중에서 '하고 싶은데 해야 하는 일'과 '하기 싫은데 하면 안 되는 일'은 문제가 되지 않습니다. 이 말은 곧 성취에 필요한 일 중 절반은 우리가 원하는 대로 할 수 있다는 뜻이 되지요. 이렇게 모든 일상이 하고 싶은 일만 하고, 하기 싫은 일은 안 해도 된다면 전혀 걱정할 이유가 없겠지요. 하지만 실제로는 그렇지 않습니다. 제 어머니가 어릴 적에 이런 이야기를 했습니다.

"하기 싫은 일을 참고 할 때가 진정한 성인이 된 순간이야."

하기 싫은 일을 한다는 것, 참 피곤한 일입니다. 잠깐 아래 요구하는 동작들을 따라해보십시오.

- 팔을 앞으로 쭉 뻗으세요.
- 팔을 위 아래로 30cm씩 1회 움직여 보세요.
- 다시 위 아래로 30cm씩 10회 움직여 보세요.
- 다시 위 아래로 30cm씩 50회 움직여 보세요.

다 해보았나요? 어떤가요? 꽤나 힘들지요? 이 정도 운동만으로도 힘이 드는데 왜 하루에 2시간씩 자는 제가 힘들지 않은 것일까요? 만일 여러분에게 위에서 요구한 왕복운동과 저처럼 하루에 2시간만 자면서 하고 싶은 일을 하는 것, 둘 중 하나만 고르라면 어떤 선택을 할까요? 아마 후자를 선택하는 사람이 더 많을 것입니다.

우리가 일을 할 때 힘이 드는 이유는 왜일까요? 내가 원하는 일이 아니기 때문입니다. 또는 누군가가 시킨 일이기 때문이지요. 제 친구들은 아무리 편한 아르바이트를 잡아도 자기가 하는 아르바이트가 가장 힘들다고 말합니다. 원하지 않는 일은 누구에게나 힘듭니다. 그저 돈 때문에 참고 이겨낼 뿐이지요. 반대로 게임을 좋아하는 사람이 밤새도록 게임을 해도 힘들지 않은 이유도 '내가 하고 싶은 일'이기 때문입니다. 이렇듯 우리는 원하는 일을 할 때 피곤함을 상대적으로 느끼지 못합니다.

하루에 2시간만 자면 몸도 많이 망가집니다. 정신적 힘듦과 육체적 힘듦의 차이를 느끼게 되지요. 정신은 조금 더 노력하라고 하는데, 육체는 눈이 감기고 힘이 풀리고 때로는 욕이 새어 나오기도 합니다. 그런데도 제가 이 방법을 한 번쯤 해보라고 추천하는 이유는 단순합니다. 좋아하는 일이니까요. 행복함을 느끼니까요. 그래서 좋아하는 일이라면 시간을 포기해서라도 열심히 해야 하는 것이지요.

지금 우리가 놓치고 있는 시간이 얼마나 소중한지 알아야 합니다. 매번 쓸데없는 고민에 무너지지 마십시오. 지금 여러분이 허비하고 있는 이 한 달, 이 하루, 이 새벽은 절대로 기다려주지 않습니다. 지금 우리에게 가장 필요한 것은 '나는 할 수 있다'라는 용기입니다. 여러분이 행복해 할 수 있는 일들로 하루를 가득 채우십시오. 이 말의 의미는 글로는 설명할 수 없고, 스스로 실천해보아야 깨달을 수 있습니다. 어떤 삶이든 다시 되돌릴 방법은 없습니다. 지금 눈앞에 흘러가는 오늘, 그 하루 속에 목표가 있고 행복이 있습니다. 조금이라도 어릴 때 시간을 포기해서라도 모두 챙겨야 합니다.

이번에는 시간을 포기하면서도 효과적으로 시간을 컨트롤할 수 있는 방법을 소개하겠습니다.

시간계획은 시간에 굴복하는 길

혹자는 자네가 아낄수록 늘어나는 이라 했지.

어떤 사람은 영원히 잡을 수 없는 이라 했고,

다른 사람은 흔적을 남기지 않는 이라 하더군.

무엇이 자네의 본 모습인가?

어떤 이름이 가장 마음에 드는가?

나는… 그저 내 편이라 하겠네.

우연히 한 블로그에서 본 시인데 너무 와 닿아서 아직도 기억하고 있습니다. 여러분의 시간은 어떤 이름을 가지고 있나요? 저에게는 시간이 '발톱을 숨기고 기다리는 사자' 같았습니다. 열심히 달리려고 하면 발톱을 세우고 달려드는 것 같았지요. 항상 부족한 시간이 미웠습니다. 반대로 아무것도 안하고 하염없이 집에서 놀기만 하면 발톱을 감추고 안도감을 주더군요. 그럴 때면 시간이 천천히 간다고 느껴졌습니다. 하지만 이때도 천천히 가는 시간이 미웠지요.

이렇듯 저는 시간을 사랑한 적이 없습니다. 제 편이라고 생각해 본 적도 없었지요. 그저 늘 빠르게 갈 때는 부족하다고 생각했고, 느리게 갈 때는 좀 빨리 갔으면 하고 바랐습니다. 그렇게 언제나 시간에 굴복하며 살았습니다. 그저 흘러가는 대로 복종했을 뿐이지요.

어느 날 빙수가게에 있는데, 초등학교 저학년으로 보이는 여자아이가 엄마와 함께 시간표를 그리고 있었습니다. 아침 7시에 일어나서 학교에 갔다가, 끝나면 바로 학원에 가고, 집에 돌아와서는 저녁식사 후에 숙제를 하고 나서 취침하도록 되어 있는 시간표였습니다. 글씨가 너무 커서 본의 아니게 보게 되었지요.

그 엄마는 딸을 기계로 만들고 있었습니다. 마치 프로그램을 입력해놓은 기계처럼 그 아이는 매일 저녁 7시면 저녁식사를 하고 8시부터 9시까지는 숙제를 하고 자야 합니다. 이대로간 하면 용돈을 주겠다고 하더군요.

참 안타까웠습니다. 그런데 곰곰이 생각해보니 저도 다르지 않다는 생각이 들더군요.

'나도 그저 기계처럼 살고 있는 것이 아닐까?'

저는 매일 공부를 하고도 원하는 만큼 채워지지 못하면 다음 날 저 자신에게 더 열심히 공부하라는 벌을 주었습니다. 어쩌면 저도 모르게 그런 프로그램을 뇌에 넣어두었는지도 모릅니다. 저는 스스로에게 늘 냉정하고 가혹했습니다. 그래야만 최종적으로 성공과 행복이라는 결과를 얻을 수 있다고 생각했지요.

대한민국의 많은 부모님들이 자식들에게 열심히 공부하라고 합니다. 그래야 미래에 편해진다고, 성공과 행복이 온다고 하지요. 생각해보면 틀린 말도, 옳은 말도 아닙니다. 다만 중요한 것은 당장의 '힘듦'을 적립해놓는다고 미래에 '행복'을 연금처럼 나누어 받을 수는 없다는 사실입니다.

어떤 사람은 화장실에 영어 단어를 붙여두고 자투리 시간을 활용해서 토익공부를 합니다. 또 다른 사람은 버스에서 책이나 신문을 읽습니다. 많은 사람들이 시간을 효과적으로 사용하려고 발버둥치고 있지요. 저 또한 이런 방법들을 모두 시도해보았습니다. 하지만 모두 성공을 위한 발버둥이었지 행복과는 거리가 멀었습니다. 이런 방법들은 모두 시간을 효과적으로 사용하는 것이 아니라, 효과적으로 시간에 굴복하는 방법일 뿐이었지요.

아무것도 아닌 기록이 준 깨달음

저는 시간을 '컨트롤'하고 싶었습니다. 어떻게 하면 시간을 컨트롤할 수 있을까? 그리고 그 속에서 어떻게 행복을 찾을 수 있을까? 저의 목표는 '성공하기' 이전에 '행복하기'였기에 저의 관심은 늘 거기에 쏠려 있었습니다.

그러던 어느 날, 제 방 책상 서랍 깊은 곳에서 '초등학교 4학년 1반 이정철'이라는 학생의 일기장을 발견했습니다. 그런 일기를 쓴 기억이 전혀 없어서 처음에는 깜짝 놀랐지요. 그래서 이름 란에 쓰여진 '이정철'이라는 이름조차 어색하게 다가왔습니다. 그 중 한 편의 일기를 보다가 이상한 점을 발견했습니다.

<제목 : 축구>

현식이가 축구를 하다가 욕을 했다. 깜짝 놀랐다.

친구들도 놀랐고 축구부 선생님도 깜짝 놀랐다.

나는 그러지 말자고 속으로 다짐했다.

제 기억에는 현식이라는 친구가 없었습니다. 그러니 그 친구와 축구를 한 기억이나, 그 친구가 욕을 했는지도 기억이 안 날 수밖에 없었지요. 초등학교 졸업앨범에도 현식이는 없었습니다. 누군가 제 기억을 조작한 것이 아니라면 일기장에 쓰인 내용을 믿을 수가 없었지요. 그러다 이틀 정도 지나고 밥을 먹다가 불현듯 현식이가 누군지 생각이 났습니다. 도현식이라는 친구였지요. 그 친구는 초등학교 4학년 말에 전학을 갔습니다. 그래서 졸업앨범에 없었던 것이지요. 축구를 하다가 자기가 찬 터무니없는 슛 때문에 욕을 한 상황도 떠오르더군요. 제 기억이 조금씩 돌아오기 시작했습니다.

제 뇌는 현식이라는 친구를 지웠었습니다. 그런데 초등학교 4학년 때의 이정철이 기억나게 해준 것이지요. 10년이 지난 일을 기억나게 했다는 사실에 새삼 놀라며, 초등학교 때 축구부 활동을 했던 시기의 추억들이 주마등처럼 스쳐갔습니다. 마치 그때로 돌아가 살고 있는 듯한 느낌이 들었고, 이런 소중한 추억을 기억하게 해준 열한 살의 이정철에게 감사하기도 했습니다. 그리고 그때 깨달았습니다. 바로 이것이 시간에 굴복하지 않는 방법이라는 사실을요.

아무것도 아닌 것을 기록했더니 아무것도 아닌 것이 아니게 되었습니다. 지금 흘러가는 시간을 기록하면 지금의 상황과 소중한 사람들을 묶어둘 수 있다는 것, 그리고 그것들이 나중에 소중한 추억으로 다가온다는 사실을 깨달았지요. 오늘 공부하고 내일도 공부하는 삶이라고 그 안에 공부하는 삶만 있지는 않습니다. 여러분이 공부하는 공간에서 함께하는 친구와 가족들 그리고 그들과의 사이에서 생기는 수많은 상황들, 이 모든 것들을 묶어서 '삶'이라고 하는 것입니다. 그 '삶'은 결코 아무것도 아닐 수 없는 것이지요.

'타임 다이어리'가 일으킨 삶의 변화

이 사실을 깨달은 그날부터 저는 짧게라도 일상을 기록하기로 했습니다. 일기처럼 길고 거창하게 적지 않고, 아래 그림처럼 간단하게 오늘 이 시간에 누구를 만났고 무엇을 했는지만 기록했지요. 이런 식으로 키워드만 기록해도 그때의 상황이 머릿속에 그려졌기 때문입니다. 말 그대로 '타임 다이어리'였습니다.

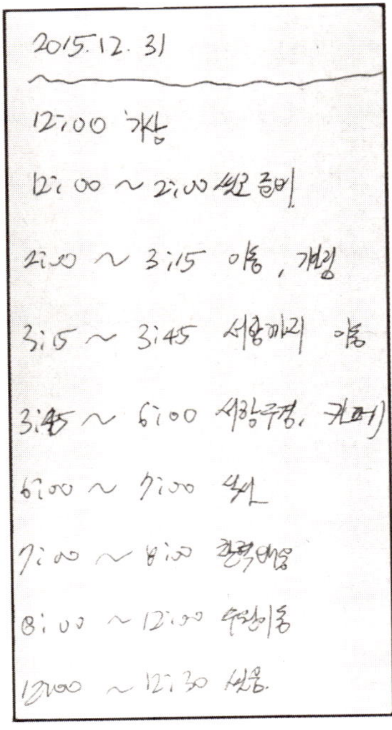

2015년 12월 31일 2시부터 3시까지 여러분은 무엇을 했나요? 굉장히 특별한 사건이 있었거나 기념일이 아닌데도 기억이 난다면 아마 그 사람은 천재일 것입니다. 그날이 저에게는 기억해야 할 만큼 특별한 날이 아니었습니다. 그런데 위의 타임 다이어리가 제가 그날 친구를 만나러 거제도로 놀러갔다는 사실을 기억하게 해줍니다. 그때의 상황과 분위기까지 시간대별로 기억이 납니다.

그날 2시부터 3시 15분까지 저와 친구는 거제도의 어떤 관광지에 가려고 했습니다. 거제도까지 왔는데 뭐라도 보고 가고 싶었지요. 그래서 계획도 없이 거제복합터미널로 향합니다. 그것이 위에 써있는 '이동'입니다. 이 사실은 저만 알 수 있지요. 터미널에 도착한 우리는 서항까지 가기로 결심하고 버스노선표를 찾아보았습니다. 배차가 길어서 적어도 30분 이상 기다려야 했지요. 그것이 '이동' 옆에 써있는 '기다림'입니다.

제 타임 다이어리의 2015년 12월 31일자 기록을 보고 제가 느끼는 감정을 다른 어느 누구도 느낄 수 없습니다. 또한 아무리 세월이 오래 흘러도 그날의 저의 기억들을 왜곡시킬 수 없습니다.

타임 다이어리를 쓰고 나서 저의 삶은 완전히 바뀌었습니다. 굳이 표현하자면 조금 더 행복해졌다고 할까요. 과거를 붙잡는 능력이 생기고 현재를 바라보는 시선이 바뀌게 되었지요. 다음은 2015년 12월 28일자 이정철의 타임 다이어리에 적혀있는 문구입니다.

순수한 현재라는 건 미래를 먹어가는.

무라카미 하루키의 책에 나오는 글입니다. 매우 인상적인 글귀라서 책을 읽다가 타임 다이어리에 메모를 해두었지요. 이 말처럼 모든 지각은 바로 기억이 되고 현재는 항상 처음입니다. 지금 10,20대들에게 꼭 필요한 말이 아닐까요? 무의미한 듯한 오늘도 소중한 '하루'입니다. 우리는 모두 각자의 목표를 성취하기 위해 바쁘게 살아갑니다. 비슷하지만 비슷하지 않은 일상을 살아가지요. 그 순간의 행복을 놓치지 마십시오. 우리가 순간을 붙잡는 것이 아니라 순간이 우리를 붙잡는 것이었습니다. 이것을 앞서 이야기한 '포기하세요'와 연결시키면 오늘의 아무것도 아닌 많은 상황과 사건들이 모두 행복으로 다가옵니다. 이것이 제가 여러분에게 타임 다이어리를 소개하는 이유입니다.

시간과 대화하는 시간

위의 글처럼 저는 시간을 '함께하는 친구'로 받아들이게 되었습니다. 시간에 쫓기기도 싫었고 잡으려고 애를 쓰지도 않았습니다.

과거의 이정철은 일상에서 탈출하기 위해 가끔 여행을 다니기도 하고, 때로는 시간에 맞서 알차게 하루를 살기 위해 빼곡한 계획을 세우기도 했습니다. 하지만 이상하게도 아무리 하루 종일 놀아도 무엇인가 아쉬움이 남았습니다. 반대로 하루 종일 목표를 위해 달려가도 채워지지 않는 무언가가 있더군요.

잠들기 전에 하루를 되돌아보면 항상 이렇게 채워지지 않는 아쉬움이 남았습니다. 이렇게 열심히 하루를 살았는데 다가오는 공허함이 참 묘했습니다. '나는 오늘 행복했나?', '후회 없는 하루를 살았나?' 이런 생각이 들기도 하고, '이게 삶을 대하는 옳은 자세인가?'라는 생각도 들더군요. 저는 이런 찜찜함이 느껴지는 날에는 잠들기 전 30분 정도 멍을 때리며 가만히 있었습니다.

저는 이 묘한 시간의 비밀을 자장면과 짜파게티 사이에서 발견했습니다. 제가 자장면을 굉장히 좋아하는데요, 어릴 적에는 자장면보다는 짜파게티 컵라면을 즐겨 먹었습니다. 저에게는 짜파게티 컵라면이 중국집 자장면보다 훨씬 맛있게 느껴졌었지요. 그런데도 항상 머릿속에는 중국집 자장면이 맴돌았습니다.

성인이 된 후로는 짜파게티 컵라면을 거의 먹지 않게 되었습니다. 늘 머릿속에 맴돌던 중국집 자장면을 일주일에 3번 이상 먹었지요. 어릴 적에 저는 이런 삶(자장면을 원 없이 먹는 삶)이 채워지지 않은 '자장면에 대한 욕구'를 해소시켜 주리라고 생각했습니다. 그런데 어느 날은 중국집 자장면을 맛있게 먹다가도 어릴 적 즐겨 먹었던 짜파게티 컵라면이 생각나더군요. 제가 그렇게 원했던 자장면을 매일 같이 먹었지만 또 다시 채워지지 않는 부분이 나타난 것입니다. 단순히 자장면의 맛이 질려서 나타나는 문제는 아니었습니다. 분명 무언가 '채워지지 않는 영역'이 존재한 것이지요.

아마도 저에게는 자장면보다 짜파게티가 더 친한 친구 같은 존재였던 것 같았습니다. 아무리 열심히 목표를 향해 달려도, 여행으로 하루를 채워도 채워지지 않는 그 시간과 비슷한 느낌이었지요. 그러자 '시간'도 짜파게티처럼 '친구'와 같은 존재로서 함께하는 시간이 필요하다는 생각이 들었습니다.

그때서야 비로소 제가 무언가 찜찜함이 느껴지는 날에 잠들기 전 30분 동안 멍을 때렸던 이유를 알게 되었습니다. 저는 그 시간을 단순히 흘려보낸 것이 아니었습니다. 저 스스로에게 '시간과 대화하는 시간'을 만들어준 것이었습니다. 크게는 '인생'에 대해 저의 내면과 대화하고, 작게는 '오늘'에 대해 대화한 시간이었지요. 때로는 '행복'에 대해서 묻고 가끔은 '방향'에 대해서도 물었던 것입니다. 이 시간은 '시간'과 친구로 지내지 않으면 절대로 이해할 수 없습니

다. 저는 그때부터 이 '채워지지 않는 시간'을 더욱 의디 있게 보내
게 되었습니다. 사실 그 30분은 텅 비어 있지만 꽉 차 있는 시간이
었습니다. 누구에게도 의지할 수 없으며 강요할 수도 없었지요. 그
저 혼자 이겨내고 강해지는 시간입니다.

이렇게 제가 발견한 '시간'이라는 꽤나 힘이 되는 친구를 여러분
에게도 꼭 소개해주고 싶습니다.

자유로움을
제한하라

저희 가족은 수원에 삽니다. 외가와 친가는 각각 전라남도 순천과 무안에 있고요. 제가 어렸을 때만 해도 길이 잘 뚫려있지 않아서 막히지 않아도 외가나 친가에 가는 데 6시간 이상 걸렸습니다. 가는 데만 하루가 통째로 날아가 버린 날도 있었지요. 그래서 아버지와 어머니는 매번 갈 때마다 고민을 했습니다. 막히지 않는 길을 찾기 위해 모든 감각을 총동원했지요. 당시에도 네비게이션은 있었지만 너무 많은 길을 안내해주어서 오히려 고민만 늘어나게 했습니다. 그래서 아버지는 가끔 네비게이션을 끄고 가기도 했는데요, 그때마다 네비게이션보다 빠른 길을 찾아내는 아버지의 동물적인 감각에 놀라기도 했습니다.

하지만 지금은 아버지가 빠른 길을 찾기 위해 어머니와 머리를 맞대고 고민하는 모습을 볼 수 없습니다. 전보다 길도 좋아지고 네비게이션이 교통정보까지 수집해서 가장 빠른 길을 알려주기 때문이지요.

만약 예전에 아버지가 그저 네비게이션이 알려주는 길로만 갔다면 분명 이동거리는 가장 짧았겠지만 긴 이동시간에 모두 지친 채로 목적지에 도착했을 것입니다. 전라남도에 가는 모든 사람들이 네비게이션이 안내하는 대로 고속도로를 탔을 테니까요. 그런데 아버지는 네비게이션을 끄고 국도와 고속도로를 번갈아 탔습니다. 이동거리는 조금 더 멀어져도 더 빠르게 도착한다는 사실을 알고 있었기 때문입니다.

자유롭기에 자유롭지 못한 삶

길이 많다는 것은 그만큼 선택의 폭이 넓다는 것을 의미합니다. 자유롭다는 것이지요. 그 중 목적지까지 가장 빨리 가는 길을 찾을 수 있다면 두 말 할 필요 없이 최고의 능력이 되겠지요. 하지만 우리의 인생은 그렇지 않습니다. 이상하게도 우리는 자유롭기에 자유롭지 못합니다.

무슨 말인지 잘 이해가 안 되나요? 우리는 선택의 폭이 넓기 때문에 가장 편한 길을 선택하고, 가장 쉽고 남들이 이미 가본 길을 선택한다는 뜻입니다. 그래야 두려움이 없으니까요. 열에 같이 가는 친구도 있고, 많은 사람들이 이미 걸어본 길이라 두려움 없이 갈 수 있다고 생각하는 것이지요. 제 친구 사례를 하나 들어보겠습니다.

저와 고등학교 동창인 이 친구는 공부를 잘 못했지만 대학에는 들어갔습니다. 그런데 전공과는 전혀 상관없는 영화감독이라는 꿈이 있었지요. 어느 날 제가 그 친구에게 "네가 대학에서 하는 공부가 너의 미래에 도움이 돼?"라고 물었더니 처음에는 '잘 모르겠다'라고 하더니, 나중에는 '솔직히 도움이 하나도 안 되는 것 같다'고 하더군요. 그래서 다시 이렇게 물었지요.

"그럼 도대체 대학을 왜 다녀?"

그 친구의 답은 이랬습니다.

"대한민국에서 대학 안 나오면 뭐해 먹고 사냐? 주위 사람들 다 가니까 일단 나도 간 건데, 지금은 일종의 보험이라고 생각하고 있어. 내가 꿈을 이루지 못했을 때 적어도 전공 하나만큼은 살릴 수 있을 테니까."

대부분의 10,20대들이 공감할 것입니다. 그런데 4,000만 원짜리 보험이라니요. 저라면 차라리 그 돈으로 영화 관련 학원에 다녔을 것입니다. 이것은 우리나라의 입시제도나 사회환경을 탓할 문제가 아닙니다. 우리는 너무나 자유롭습니다. 선택의 폭이 너무 넓고 자유롭기에 오히려 모두가 가는 길을 선택하고 그 길이 가장 안전하고 옳은 길이라고 생각하고 있습니다.

지금의 10,20대들이 그렇습니다. 학창시절에는 대학에 목숨 걸더니 어느 날 뜬금없이 공무원 시험을 치고 싶대요. 그러고는 이 길만이 살 길이라며 대한민국의 사회구조를 탓합니다. 대학에서의 전공이 적성에 맞고 공무원이 체질인 사람을 무시하는 말이 아닙니다. 단지 우리에게는 대학을 나와 회사에 들어가는 것이 아니라, 공무원이 되는 것이 아니라, 정말 이루고 싶은 꿈이 따로 있다는 사실을 잊고 사는 현실이 안타까울 뿐이지요. 각자의 꿈은 동심 속에 묻어두고, 대학의 원치 않는 학과에 들어가서 서로를 격려하고 엉뚱한 공무원 시험장에서 경쟁하고 있다니, 도대체 뭐하는 짓인가 싶더군요.

자유로움의 제한이 주는 삶의 행복

꿈을 이루고 싶다면 자유로움을 제한해야 합니다. 아무도 선택하지 않는 길, 모두가 걷기를 두려워하는 길을 걸어보아야 합니다. 그것이 바로 여러분의 꿈과 목표를 향한 길이기 때문입니다.

생각해보면 예전에 제 아버지는 항상 무언가를 제한하고 있었습니다. 바로 '시간'이었지요. 적어도 네비게이션보다는 빠르게 가기 위해, 고속도로를 타는 차들보다는 빠르게 도착하기 위해 시간을 제한했던 것입니다. 남들이 안 가는 길을 선택한 것이지요. 우리 삶도 마찬가지입니다. 여러분들 한 명 한 명의 인생을 영화 필름처럼 쪽 펼쳐보았을 때 모두가 비슷한 장면으로 이루어져있다고 생각해보세요. 남들과 다른, 새로운 장면도 시도해보고 멋진 장면도 연출해보아야 하지 않겠습니까?

'제한'에 대해서 조금 더 깊게 들어가보겠습니다. '제한'은 우리가 살아가는 데 있어서 매우 핵심적인 능력이라고 할 수 있습니다. 그것이 곧 창의력으로 이어지기 때문이지요. 솔직히 창의력이 없어도 살아가는 데는 아무런 지장이 없습니다. 다시 말해 제한하는 능력이 없어도 사는 데 아무 지장이 없다는 것이지요. 어떤 일을 할 때 누군가 만들어놓은 공식이나 길을 따라가도 대부분 절반은 해결이 됩니다. 수학문제를 풀 때도 창의적인 방식을 쓰든, 기존 공식을 쓰든 답이 똑같이 나오는 것처럼 말이지요. 그렇다면 도대체 우리 삶에 '제한'과 '창의력'은 왜 필요할까요?

'제한'과 '창의력'과 관련한 제 경험을 하나 소개하겠습니다. 얼마전 한 친구가 대학 축제에서 기획을 맡아 주점을 꾸미게 되었다고 도움을 구하더군요. 주점에서 무엇을 팔아야 할지, 콘셉트를 어떻게 잡아야 할지, 주점을 어떤 디자인으로 꾸며야 할지 정해야 했지요. 다행히 친구가 속한 학과의 예산은 충분했습니다. 마음만 먹으면 화려한 LED 등과 신나는 분위기를 연출할 미러볼을 달 수도 있고, 최고 품질의 어묵탕과 삼겹살을 팔 수도 있었지요.

하지만 한 번이라도 이런 기획을 맡아본 경험이 있는 사람이라면 함부로 그렇게 할 수 없다는 사실을 알고 있습니다. 늘 시간은 충분하지 않고, 최소의 비용으로 최대 이익을 만들어내야 하기 때문이지요.

"학과 예산이 500만 원 있고, 축제까지 일주일이 남았으니 그 기간 동안 창의적인 콘셉트랑 메뉴를 생각해와!"

이렇게 주문하면 괜찮은 아이디어가 나올까요? 이것은 일주일 후에 누가 더 형편없는 아이디어를 가져오는지 지켜보겠다는 말과 다를 바가 없습니다. '제한'이 필요하지요.

"저렴한 백열등으로 화려한 LED 등 버금가는 효과를 낼 방법이 없을까? 주점의 위치도 중요할 거야. 연예인이 공연하고 나오는 길목 쪽이면 좋겠지. 핫타임을 노리자고. 메뉴도 중요해. 저렴한 안주도 좋지만 주점의 회전율을 고려해보자. 만들기 쉽고 고객이 빨리 먹을 수 있는 음식 중에서 골라 보자고."

이것이 '제한'입니다. 막연하게 '내일까지 생각해와 '가 아니라 시간이나 도구, 위치 등을 제한해야 창의적인 아이디어를 기대할 수 있습니다. 저에게서 이런 식의 조언을 받은 그 친구는 여러 가지 아이디어를 발휘할 수 있었습니다. 먼저 백열등에 문구점에서 500원에 산 셀로판지를 둘러서 주점을 화려한 색으로 장식했습니다. 주점 위치는 학교 메인 타워와 공연장 사이에 잡았고, 데인 메뉴는 화채와 닭꼬치로 선정했다고 하더군요. 두 메뉴 모두 금방 만들고 먹을 수 있다는 조건을 맞춘 듯했습니다. 그리고 실제로 100만 원 이상의 순이익을 남길 수 있었지요.

이제 왜 제한이 필요한지 감이 오나요? 성취에 '제한'을 더하면 삶의 풍요로움이 피어납니다. 공부를 하든, 일을 하든, 창업을 하든 늘 새로운 아이디어가 떠올라 삶의 즐거움과 행복을 느끼게 될 것입니다.

익숙함을 버릴 때 창의력이 나온다

'제한'과 '창의력'을 전문분야라고 단정하기는 어렵습니다. 하버드대에도 창의력에 대한 강의는 있지만 창의력을 전문으로 하는 학과는 존재하지 않습니다. 왜 그럴까요? '창의력'은 경험과 지식의 연장선이기 때문입니다. 사람들은 저마다 다른 경험과 지식이 있기에 각기 다른 창의력을 발휘할 수 있습니다. 창의력을 일반화하는 순간 더 이상 창의적이지 않게 됩니다.

예를 들어 돌 조각가가 조각을 할 때 떨어지는 돌가루가 조각대 위에 계속 쌓이는 바람에 골치를 앓고 있다고 가정해보겠습니다. 틈틈이 돌가루를 치워가며 작업하기가 힘들었기 때문이지요. 그 조각가는 곰곰이 생각하다가 공중에 돌 조각을 고정시킬 방법을 찾아냅니다. 공중에 매달아놓고 조각을 하면 조각대도 필요 없고 돌가

루들이 그냥 바닥에 떨어지니 작업에 방해 받을 일도 없습니다. 작업이 끝난 후에 바닥에 떨어진 돌가루를 한 번에 치우면 그만이지요. 이것은 중력을 이용하겠다는 지식이 있기에 가능한 창의적인 생각입니다. 앞에서 이야기한 제 친구의 주점 사례도 마찬가지입니다. 제가 직접 주점을 기획하고 운영해보았기에, 그런 경험에서 조금 더 연장해서 조언해줄 수 있었던 것이지요.

성취를 위한 '제한하기'

10,20대들은 대부분 이런 '제한'하는 습관이 없습니다. 특히 목표를 성취하는 데 있어서는 더욱 그렇지요. 어느 날 한 친구가 주위 친구들이 꿈을 향해 달려가는 모습에 위기감을 느꼈는지 저에게 이렇게 말하더군요.

"안 되겠어. 나도 내 꿈을 위해 뭐라도 해야겠어."

그 친구는 정말 뭐라도 했겠지만, 이 '뭐라도'는 문제가 있는 것입니다. 무슨 문제냐고요? 먼저 아래 내용을 살펴보겠습니다.

- To Be : 목표가 있다면,
- As Is : 지금 내가 무엇이 부족한지 확인하라

우리는 대부분 'To Be', 즉 이루고자 하는 꿈이 있습니다. 하지만 그 꿈을 성취하려면 일단 'As Is'를 볼 줄 알아야 합니다. 즉, 현재

나의 상황, 다시 말해 무엇이 부족하고 언제까지 무엇을 해야 하는지 등 객관적인 나의 상황을 정의할 수 있어야 한다는 것입니다. 그래야 무엇을 '제한'해야 하는지 알 수 있지요. 시간을 '제한'하고, 방법이나 도구를 '제한'하면 To Be에 더욱 효과적으로 접근할 수 있습니다. 이것이 제가 강조한 '제한하기'의 필요성입니다.

우리는 제한을 하는 순간 익숙하지 않은 새로운 영역을 경험하게 됩니다. 신발 끈을 묶는 간단한 행위조차 '한 손으로 묶어봐'라는 제한이 걸리는 순간 어쩔 줄을 몰라 온몸이 얼어붙습니다. 영국 속담 중에 이런 말이 있습니다.

'평온한 바다는 결코 훌륭한 뱃사람을 만들 수 없다.'

우리는 자발적으로 강한 물살을 만들어나가야 합니다. 늘 하던 방식과 하기 쉬운 일만 고집한다면 여러분이 진정으로 원하는 것을 성취할 수 없습니다.

"모든 진보는 익숙한 영역이 아닌 곳에서 이루어진다."

'창의력 트레이닝' 강의 때 들은 디지털 아티스트 마이클 존 보박의 말인데요, 너무 인상 깊어서 지금까지 마음 깊은 곳에 새기고 있습니다. 성취를 위한 '제한'은 우리를 익숙하지 않은 영역으로 이끌고, 우리는 그 안에서 성장할 수 있습니다. 그것은 여러분의 소중한 스펙이 되고 최종적으로 성취로 돌아올 것입니다. 모든 10,20대가 '제한하기'를 습관화했으면 하는 바람입니다. 혹시 앞서 이야기한 삶의 영화 필름 이야기를 기억하나요? 여러분이 남들과 똑같은 장면만 이어진 필름에서 벗어나 나만의 멋진 장면을 연출하고, 나중에 그것을 꼭 보여주기를 바랍니다.

3장

오늘, 변화하고 싶은 그대에게

변화의 임계점을
만들어라

　제 친구는 고등학생 때 아버지가 돌아가셨습니다. 보통 학생 때 이런 큰일을 겪으면 크게 2가지 방향 중 하나를 선택합니다. 어느 방향으로 가든 기존과는 완전히 다른 사람이 되는데, 첫 번째는 완전한 문제아가 되는 것입니다. 실제로 이 방향을 선택해서 다시 돌아올 수 없는 밑바닥까지 추락하는 친구들을 볼 수 있습니다. 두 번째는 스스로 정신을 차리는 것입니다. 이 방향을 선택하면 성격이 차분해지고 뭐든 열심히 하게 되지요. 부모님의 사업이 파산하거나 부모님 중 한 분이 돌아가시는 등의 경험을 하게 되면 대부분 이 두 방향 중 한 쪽을 선택하게 됩니다.

　제 친구는 두 번째 방향을 선택했습니다. 그래서 주위에서 이런 이야기들을 많이 했지요.

"아빠가 돌아가신 애가 쟨가 봐. 그래서 저렇게 열심히 공부하나?"

저는 정말 그런 것인지 묻고 싶었지만 혹여나 그 친구가 상처를 받을까 싶어서 실제로 묻지는 못했습니다.

변화의 동기는 만드는 것

그 친구는 정말 아버지가 돌아가신 일이 '열심히 공부'하게 된 '동기'가 되었을까요? 맞을 수도 있습니다. 그래서 이런 사람들을 보면 '정말로 사람은 변할 수 있구나'라는 생각을 하게 되지요. 여기에 덧붙여 '사람은 특별한 동기가 있어야 변하는구나'라고 생각하기도 합니다. 저도 당시에는 그렇게 생각했습니다. 하지만 지금은 아닙니다. 제가 경험했으니까요.

물론 저의 부모님은 건강하게 잘 계십니다. 부모님 사업이 망하는 등의 특별한 사건도 없었습니다. 하지만 저는 변했습니다. 사고만 일으키고 산만했던 이정철이 지금은 사라졌습니다. 공부는 때려치고 놀기만 좋아하는 이정철도 사라졌습니다. 그래서 주변에서 더욱 신기한 눈으로 저를 쳐다봅니다.

제가 하려는 이야기는 '동기는 만드는 것'이라는 것입니다. 저는 앞서 사례를 든 친구 역시 아버지가 돌아가신 사건이 동기가 되어 변하게 된 것이 아니라, 스스로 그것을 동기 삼아 변하자는 '결심'을 했다고 생각하게 되었습니다.

제 친구와 같은 일을 겪기를 원하는 사람은 없습니다. 어느 누가 부모님이 돌아가시거나 하시는 사업이 망하기를 바라겠습니까? 그렇다면 우리는 영원히 변할 수 없을까요? 나이를 먹으면 자연스럽게 철이 들고 생각과 마음이 커질까요?

스스로의 결심으로 만드는 변화의 임계점

물질은 임계점을 기준으로 성상(性狀)이 변합니다. 〈두산백과〉에는 임계점의 뜻이 이렇게 되어 있습니다.

> 물질 중에는 보통 여러 가지 형체로 존재할 수 있는 것들이 있다. 액체로 존재할 수도 있으며 때로는 고체로 존재하기도 하는 이러한 물체의 형체를 바꿔주기 위해서는 온도와 압력의 조절이 필요하다. 온도와 압력의 변화가 바뀌어가다 2가지 성상이 일치되는 그 순간을 '임계점'이라고 한다.

저는 인간에게도 이런 임계점이 존재한다고 생각합니다. 우리가 물질과 다른 점은 머리로 생각하고 스스로의 의지로 움직일 수 있다는 것입니다. 즉, 우리는 스스로 임계점을 설정하고 변할 수 있다는 뜻이지요. 저는 바로 이것을 경험했습니다.

이런 임계점은 어디서든, 어떤 계기로든 설정할 수 있습니다. 어떤 사람은 책에서 우연히 한 줄의 명언을 보고 변하겠다는 마음을 먹기도 하고, 또 다른 누구는 영화 한 편으로 변할 결심을 하기도 합니다. 한 번은 여행을 갔다가 완전히 다른 사람이 되어서 돌아온 제 지인에게 이렇게 물었습니다.

"형, 멋지게 변하셨네요. 여행에서 무슨 일 있었어요?"

"아무 일도 없었어. 그냥 더 많이 웃고 싶었고, 더 많이 듣고 싶었고, 더 많이 이해하고 공감하고 싶어서 떠났지. 이런 다음으로 떠나니까 처음 보는 풍경들, 처음 만나는 사람들, 처음 먹어보는 음식들이 그저 '처음'이라는 이유라서가 아니라 모두 새로운 느낌으로 다가오더라고."

저와 비슷한 경험을 한 사람을 만나서 반가웠습니다. 제가 변한 계기 역시 아무것도 아니었거든요. 정확하게 표현하면 아무것도 아닌 데서 특별한 무언가를 찾은 것입니다. 아무것도 아닌 것을 아무것도 아닌 것이 아니라고 받아들이는 순간 새로운 의미가 됩니다. 내가 변하겠다는 마음은 그저 '동기(임계점)'라는 매기체를 통해서 만들어지고, 그 '동기'는 스스로 정하면 됩니다. 저에게는 그 임계점이 '책'이었습니다. 앞서 이야기했듯이 저는 책과는 거리가 먼 사람이었지만, 책이라면 나를 변화시킬 '동기'로서 충분하다고 생각하니까 놀랍게도 정말 변하더군요.

다만 지금까지 제가 이야기한 것들을 실천하려면 한 가지가 더 필요합니다. 바로 '용기'입니다. 이미 결심한 일에 의문을 품지 마세요. 무언가를 이루겠다고 마음먹은 순간 그리고 그 결심에 우리가 의심을 갖는 순간 우리는 점점 약해지니까요.

용기는 의지가 있다면 누구든지 발휘할 수 있는 힘입니다. 의지가 없는 자에게는 아무리 훌륭한 임계점이라도 '변질'로 찾아올 것이며, 의지가 있는 자에게는 작고 소소한 임계점이라도 '변화'로 찾아올 것입니다. 스스로 동기(=임계점)를 만들어 변화해나가는 여러분이 되었으면 하는 바람입니다.

내가 선택한 길에 대한 확신을 가져라

우리의 몸이 항상 36.5도를 유지하려고 하듯이, 우리는 본능적으로 성취를 쫓는 경향이 있습니다. 어떤 목표가 있다면 그 목표를 이루려고 본능적으로 무언가를 하기 위해 반응하고 움직이지요. 가령 어제 놀았다면 오늘은 더 열심히 해야겠다고 의도적으로 균형을 찾아 가려고 합니다.

삶의 균형과 의도

언젠가 정말 일주일 동안 집에 틀어박혀서 잠만 자고 싶을 정도로 힘든 적이 있었습니다. 그래서 정말 일주일 동안 집에서 잠만 자며 필요한 양의 칼로리만 채우기로 마음먹었지요. 제가 정말 그럴 수 있었을까요? 단 3일 만에 포기했습니다. 포기한 이유를 묻는다면 이렇게 대답할 수 있을 것 같습니다.

첫째 날에는 피곤함을 풀기 위해 정말 15시간 정도 잠만 잤습니다. 나름 행복했지요. 머리 아픈 고민들은 잠시 접어두고 잠만 잔다는 사실이 꽤나 달콤했습니다. 둘째 날이 되니 좀처럼 잠이 오지 않았습니다. 조금씩 무기력해지는 기분도 들고, 가끔 혼잣말도 하게 되더군요. 결국 새벽까지 스마트폰을 하다가 셋째 날을 맞았습니다. 셋째 날부터는 무기력함이 저를 지배하기 시작했습니다. 지금 와서 그때를 표현하자면, 살아있음을 느끼지 못하기 시작했던 것 같습니다. 스트레스는 극에 달했고 대화가 필요하다는 생각이 들었지요. 너무 답답해서 결국 그날 밤 집 밖에 나가 바람을 쐬면서 포기하게 되었습니다. 그렇게 걱정 없이 살면 행복할 줄 알았는데, 생각보다 그것이 고통스러운 삶이란 사실을 깨달았습니다.

삶의 균형과 의도를 잃어버리면 움직일 필요가 없습니다. 저는 제 삶이 자전거 타기와 같다고 생각했습니다. 자전거를 타면 균형을 잡기 위해 페달을 굴려야 합니다. 넘어지고 싶지 않다면 원하지 않아도 페달을 굴리며 달려나가야 하지요. 저는 이것이 우리가 성취를 이루기 위해 본능적으로 무언가를 하려고 노력하는 모습과 닮았다고 생각했습니다.

그런데 제가 놓친 것이 하나 있었습니다. 자전거를 타다 넘어지는 법을 배우지 못한 것이지요. 늘 페달을 굴리며 달리기만 했습니다. 넘어져보아야 다음에 넘어질 때 더 안전하게 넘어질 수 있습니다. 넘어져보아야 다음에는 넘어지기 전에 멈출 수 있습니다. 그래서 우리는 페달을 굴리는 속도를 잘 유지해야 합니다.

이것이 '의도'입니다. 어제 놀았던 사람은 오늘 열심히 노력하려고 할 것입니다. 하지만 반대로 매일 열심히 살아온 사람은 잠깐의 휴식조차 불안해 합니다. 0도 속도라는 사실을 잊어버린 것이지요. 너무 빨리 달리다보면 똑같은 바람도 강하게 느껴집니다. 별것 아닌 일에도 신경이 쓰이기 시작하고 점점 더 스스로를 강한 폭풍우 속으로 내보냅니다. 하지만 우리의 목적인 '오늘 행복하기'를 위해서는 의도적으로 천천히 달리거나 휴식을 취하면서 때로는 약한 바람도 느껴보아야 합니다.

불안감으로 만드는 확신

'의도'에는 불안감이 크게 작용합니다. 우리를 움직이게 만드는 원동력은 대부분 미래에 대한 '불안감'입니다. 어제 늘았다면 불안감이 커져서 오늘 열심히 노력하게 되는 식이지요. 한동안 열심히 살아왔다면 잠시 쉬고 싶은 마음을 가져도 됩니다. 저처럼 일주일을 죽은 듯이 쉬고 싶은 생각을 가져도 좋고, 여행계획을 짜도 좋습니다.

아무 걱정 없는 삶은 없습니다. 누구나 약간의 스트레스, 고민들과 함께 잠자리에 듭니다. 우리는 이때 느끼는 '불안감'을 사랑해야 합니다. '불안감'은 절대 고민이 아닙니다. 불안감은 '의심'과 '확신'의 한 끝 차이로 나타납니다. 그 경계는 깻잎 한 장 차이지만 결과는 절대 한 장 차이가 아닙니다.

우리는 지금 길고 어두운 삶의 터널 앞에 서 있습니다. 그 어떤 터널보다 길고 어둡지요. 누구든 멀리서 그 터널을 보면 불안하고 두려워집니다. 내가 저 터널을 지날 수 있을지 없을지 스스로의 능력을 의심하게 됩니다. 하지만 그 불안감이 결국 어둡고 긴 터널 속을 밝혀주는 불빛이 될 것이라고 생각해보세요. 그 순간 불안감은 의심이 아닌 '확신'이 됩니다.

반대로 불안감 때문에 포기한다면 지금까지 여러분이 한 노력은 한 순간 의심에 갇히게 됩니다. 앞서 '임계점'에 대해 이야기할 때 강조했듯이 의심을 갖는다는 것은 스스로 약해지고 있다는 증거입니다. 스스로 선택한 길에 대한 '확신'을 가지세요. 목표가 확고한 만큼 방향이 정확해집니다. 누구나 노력한 만큼 불안감이 커지기 마련입니다. 그 불안감에 속지 마세요. 여러분이 불안감으로 만든 확신이 터널 속을 밝혀줄 헤드라이트가 될 것이고, 그 터널을 꿋꿋이 통과했을 때 성취와 행복이 기다리고 있을 것입니다.

여러분의 삶의 속도는 여러분 스스로 정하는 것입니다. 의도적으로 균형을 맞추세요. 운동선수도 부상을 당하면 쉬어야 합니다. 자동차도 비행기도 연료가 떨어지면 멈춰서기 마련입니다. 때로는 연료가 떨어지기 전에 브레이크를 밟고 연료를 채우는 시간을 가져야 합니다. 지칠 때는 걸어도 좋고, 그조차 힘들면 보폭을 줄이거나 잠시 쉬어 가도 좋습니다. 그 또한 성취의 일부분이라그 생각하세요. 잠깐의 휴식에 죄책감이 들고 불안감에 쫓긴다면 그건 휴식이 아니라 고문이 됩니다. 가슴 터질 듯한 불안감이 아니라 디제 가슴 터질 듯한 확신을 가져야 합니다.

행복과 성공을 위한 4단계 의식작용

성취는 우리의 의식작용에 의해 크게 좌우됩니다. 우리는 어떤 일을 하기 전에 하고 싶은 일이었는지, 해야만 하는 일인지를 우선적으로 의식합니다. 그 후에 온전히 스스로의 의지로 달려나가고 있는지, 누군가의 강요에 의해 억지로 달려나가고 있는지를 의식합니다. 저는 이 의식작용을 다음과 같이 크게 4단계로 나눠서 정리해보았습니다.

- 무의식에서의 무의식
- 무의식에서의 의식
- 의식에서의 의식
- 의식에서의 무의식

우리가 행복을 느끼기까지, 원하는 수준에 도달하기까지는 이 4단계를 필수적으로 거치게 됩니다. 이 중에서 위의 두 단계는 '재능'을 찾는 단계이며, 뒤의 두 단계는 '성취'를 위한 단계입니다.

4단계 의식작용의 흐름

먼저 '무의식에서의 무의식' 단계는 기초적인 학습이나 재능을 확인해보는 과정입니다. 저는 어렸을 때 한자와 일본어부터 기타와 피아노 학원까지 다녔습니다. 부모님이 나중에 다 필요하다고 해서 다녔을 뿐 저는 별로 배우겠다는 의지가 없었습니다. 그래서인지 지금도 기껏 기본적인 기타 코드를 잡고, 피아노로 '엘리제를 위하여' 정도를 연주하는 수준밖에 안 됩니다. 그것들을 배우는 순간에도 그 지식들이 왜 필요한지, 어디에 써야 할지에 대한 고민조차 없었으니 당연한 결과이지요.

이런 과정이 바로 '무의식에서의 무의식' 단계에 해당합니다. 즉, 왜 필요한지, 왜 배워야 하는지도 모르는 상태에서 원하지도 않는 지식들을 배우는 단계이지요.

'무의식에서의 의식' 단계에서는 본격적으로 꿈과 목표가 생기게 됩니다. 우리는 초등학교 때부터 고등학교 때까지 많은 지식을 배웁니다. 덧셈, 나눗셈부터 사회, 과학, 외국어 등을 배우고 피아노나 타악기도 배우지요. 왜 배워야 하는지는 모르지만 시험을 위해 의식적으로 공부는 해야 합니다.

이런 과정이 바로 '무의식에서의 의식' 단계에 해당합니다. 이런 단계를 거치면서 우리는 '재능'을 발견하고 꿈이 생기기 시작합니다. 무의식중에 익힌 지식을 통해서 자신의 소질을 발견하면 그 위에 꿈과 목표를 세우는 것이지요.

'의식에서의 의식' 단계에서는 중요한 결정을 하게 됩니다. 위의 두 단계를 통해 꿈과 목표가 생기면 그것을 위해 무엇을 해야 하는지, 얼마나 노력해야 하는지를 알게 됩니다. 예를 들어 대학생이라면 '나는 수학에 소질이 있어서 수학과에 입학했으니까 훌륭한 수학과 교수가 되기 위해 열심히 노력해야지'라는 식의 결심을 하게 됩니다. 원하는 일을 의식적으로 수행하기 시작하는 것이지요. 이런 과정이 바로 '의식에서의 의식' 단계에 해당합니다.

그런데 여기서 예외적인 경우가 있습니다. 하기 싫은 일이라도 미래를 위해 어쩔 수 없이 노력하는 10,20대 학생들 같은 경우이지요. 의무적으로 열심히 해야 한다고 느끼고 의식했기에, 그 의식에 의지하며 하기 싫은 일임에도 버텨보려고 노력하기도 합니다. 물론 이런 힘겨운 노력 끝에 성공한 사람도 있을 것입니다. 하지만 행복해지기는 쉽지 않습니다. 열심히 속도를 내어 결승선까지는 달려갔지만 원했던 골인지점이 아니라서 되돌아가려 해도 그때는 이미 너무 멀리 와 있을 것입니다. 결국 매일 하기 싫은 일을 하고 살아가는 삶이 언젠가 치명적인 독이 되어 여러분을 흔들어놓을 수 있습니다. 따라서 조금 늦더라도 자신만의 꿈을 찾아가는 것이 '의식에서의 의식' 단계를 바르게 수행하는 방향입니다.

마지막으로 가장 중요한 '의식에서의 무의식' 단계입니다. 원하는 일을 하기 위해 의식적으로 노력하다보면 묘한 현상이 생깁니다. 처음에는 의식적으로 했던 노력을 어느 순간부터는 무의식중에 습관적으로 하고 있다는 '착각'이 드는 것이지요. 이때가 바로 '의식에서의 무의식' 단계로 접어드는 순간입니다. 만일 진정으로 원했던 목표를 위해 노력해온 것이 아니라면 절대 이 단계에 이를 수 없습니다. 원하지 않는 목표를 위해 무의식적으로 노력할 수는 없기 때문이지요.

의식에서의 무의식 단계에서 느끼는 불안감

4단계의 의식작용을 거쳤다고 해서 모든 것이 해결되지는 않습니다. '의식에서의 무의식' 단계에서 많은 10,20대들이 좌절하고 고민합니다. 습관적으로 최선을 다하는 삶을 살고 있지만 뚜렷한 성과가 나오지 않는 현실에 불안해 하는 것이지요.

"당신이 말해준 방법으로 일에 임하는 자세가 바뀌었어요. 하지만 처음에는 제가 좋아하는 분야라고 생각하고 시작했던 일인데도 어느 순간 이 또한 힘들고 어려운 분야임을 느낄 때가 많아요. 더구나 이 조차도 즐기는 사람이 있다는 생각에 더 우울허지곤 합니다. 저는 그런 사람이 너무 부러워요. 그런 저에게 성공은 언제쯤 올까요?"

재능 있는 자는 노력하는 자를 이길 수 없고
노력하는 자는 즐기는 자를 이길 수 없다.

저는 흔히들 많이 이야기하는 이 말이 싫었습니다. 저를 비롯해 원하는 목표를 이루기 위해 노력하는 사람들을 무시하는 말이라는 생각이 들었기 때문입니다. 원하는 일이든 원하지 않는 일이든 그 분야에서 최고가 되려면 반드시 시련과 고통이 따르기 마련입니다. 그 기간은 1년이 될 수도 있고, 10년이 될 수도 있지요.

아직까지도 최다 리바운드 1위 타이틀을 가지고 있는 전 농구선수 서장훈 씨는 스스로의 농구인생을 전쟁터에 비유했습니다. 아래 그가 직접 한 이야기처럼, 어릴 적에는 농구가 좋아서 시작했지만 선수생활을 시작하고부터는 즐긴 적이 없었다고 합니다.

"나는 단 한 번도 농구를 즐겨본 적이 없다. 그냥 즐겨서는 최고의 결과를 받을 수가 없기 때문이다."

프로 스포츠 선수라면 누구든 마찬가지겠지만 서장훈 씨 역시 선수생활을 시작한 이후 큰 시련과 고비를 겪었습니다. 하지만 어떻게든 슬럼프를 벗어나려 노력했고, 큰 부상을 당했을 때도 늘 최선을 다했지요. 그런 그가 '농구를 즐겼다'고 했다면 저는 그 말에 신뢰를 못 느꼈을 것입니다.

행복이 온 후에 반드시 따라오는 성공

공부를 즐기는 사람이 있을까요? 저는 '세상에서 공부가 가장 쉬웠어요'라는 말은 믿지 않습니다. 물론 학문을 배운다는 것 자체에 흥미를 가질 수는 있습니다. 하지만 그 분야의 최고가 되기까지 늘 즐길 수만은 없습니다. 그럼 이 모든 것들을 이겨낸 사람들은 도대체 무엇이 그 벽을 무너뜨리게 해주었을까요? 미친 듯이 공부하는 학생들은 어떻게 그럴 수 있을까요?

바로 고통 후에 나타나는 스스로의 모습을 바라보는 시선입니다. 앞서 제가 열심히 노력한 끝에 몸에 생긴 다래끼와 구내염을 바라보았던 바로 그 시선 말입니다. 그때 제가 '다래끼랑 구내염이 이렇게 심해지다니 더 이상 못해먹겠다!'라고 생각했다면 지금까지의 성취를 이룰 수 없었겠지요. 다래끼와 구내염을 바타보며 느꼈던 저만의 행복이 저를 항상 노력하게 만들어 주었던 것입니다. 이런 행복을 매일 느끼려면 매일 노력해야만 하니까요. 진정으로 즐기는 대상은 '성취를 위해 노력하는 행위' 자체가 아니라 성취 후에 나타나는 자신의 모습을 바라보는 시선에 있었습니다.

'그럭저럭 잘하는 사람'이 되는 과정에서는 배움 자체에서 즐거움을 느낄 수도 있습니다. 하지만 '최고로 잘하는 사락'이 되는 과정은 늘 즐겁고 행복할 수 없습니다. 서장훈 씨처럼 뛰어난 운동선수도, 인정받는 교수도, 존경받는 부모도 힘든 시련과 고통을 참아내는 과정이 있었기에 그 자리에 설 수 있었던 것입니다.

그래서 저는 성취를 이루는 과정이 늘 행복하고 즐겁다는 말을 믿지 않습니다. 열심히 노력하고 난 후 나타나는 자신의 모습에서 행복을 느끼는 사람이 있을 뿐이지요. 이런 사람들은 전날보다 망가진 자신의 모습을 보고 포기하기보다는 스스로를 더 강하게 만들려고 노력하니까요.

위의 말처럼 저는 성공이 온 후에 반드시 행복이 온다고 생각하지 않습니다. 하지만 행복이 온 후에 성공은 반드시 온다고 생각합니다. 다음은 지금까지 이야기한 내용을 그림으로 간략히 표현한 것입니다.

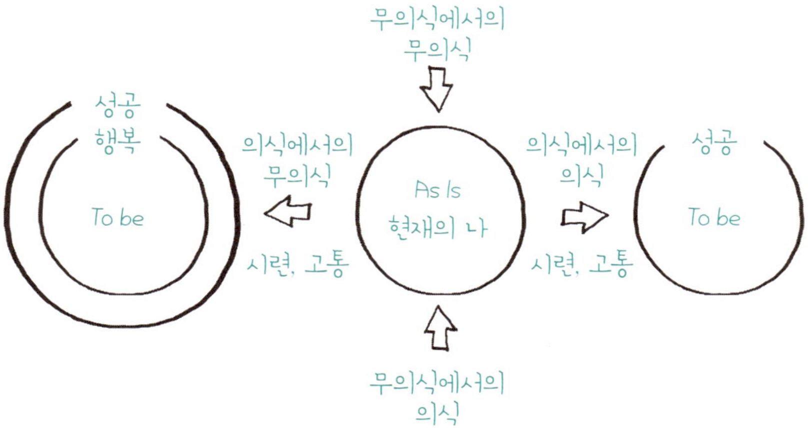

'지금 고생하면 나중에 커서 성공할거야.'

저는 이 말을 아직까지 인정하고 싶지 않습니다. 우리가 원하는 것은 이런 삶이 아니니까요. 대부분의 부모들은 자식들에게 할 일을 정해줍니다. 그 일들의 대부분은 자식들이 원하는 일이 아니지요. 그러니 부모들이 그 분야에서 노력하는 행위를 '고생한다'라고 표현하는 것이겠지요. 저는 이제 거의 0퍼센트에 가까워지고 있는 우리나라의 경제성장률 문제도 여기에 있다고 봅니다. 기성세대는 그 문제의 화살을 10,20대에게 겨냥합니다.

"젊은 친구들이 열심히 공부해서 사회에 나가 부지런히 일을 해야 우리나라 경제가 성장할 거 아니야!"

이런 식이지요. 하지만 이것은 기성세대의 문제 반, 우리의 문제 반입니다. 일단 기성세대는 자식이 생각이 차고 미래를 설계할 나이가 되면 적극적으로 자식의 선택을 지원해주어야 합니다. 반면에 10,20대들은 자신이 원하는 일이 아니라면 용기를 내서 그 일을 포기할 줄도 알아야 합니다. 그리고 자신이 원하는 일, 행복해 할 수 있는 일을 반드시 찾아야겠다는 용기를 내야 합니다. 대학이나 회사의 간판 때문에 놓지 못한다면 그건 분명 잘못된 선택입니다. 원하지도 않는 회사에서 일을 하며, 혹은 원하지도 않는 공부를 하며 어떻게 노력하라는 것입니까? 도대체 어떻게 열정을 가지고 최선을 다하라는 것이지요? 그래서 저는 우리나라의 경제성장률이 0퍼센트에 가까워지고 있는 현상이 너무나 당연하다고 생각합니다. 지금 우리와 기성세대가 그렇게 만들고 있으니까요.

최종적인 성공과 행복이 찾아오는 삶

원하는 일을 찾아 그것을 위해 노력하는 것은 '고생'이 아니라 '행복'입니다. 그 행복이 열정을 만들고 그 열정이 대한민국을 만드는 것입니다. 저를 포함한 모든 10,20대들은 지금도 행복하고 미래에도 행복한 삶을 원합니다. 기성세대들은 이런 마음을 이해하지 못할 수도 있습니다. 하지만 우리는 원하지 않은 일을 위해 노력하고, 결과적으로 그런 일을 하게 되더라도 행복할 수 없다는 사실을 알고 있습니다. 평생 그런 일을 강요한 부모님을 원망하며 살 수도 있습니다.

물론 원하는 일을 위해 노력하더라도 성취를 얻지 못할 수 있습니다. 하지만 적어도 누굴 원망하며 살지는 않겠지요. 분명한 것은, 행복한 삶은 분명 후자일 것이며, 최종적인 성공이 따라오는 삶 또한 후자라는 것입니다. 기나긴 마라톤 레이스에서 지금 조금 앞서 달린다고 해서 경기에서 이기는 것은 아닙니다. 의식적으로 빠르게 달리려고 한다고 속도가 빨라지지는 않습니다. 무의식이 나를 달리게 할 때 가장 빠른 속도를 낼 수 있지요. 조금 느리더라도 당장 눈앞에 펼쳐져 있는 아름다운 행복들을 느끼며 달려나갈 때, 그 속도는 누구보다 빨라지고 힘들다는 생각조차 들지 않을 것입니다.

성취와 행복을 꿈꾸는 10,20대에게

"지금까지 정말 이루어 놓은 것이 아무것도 없어요. 부모님에게는 저만 한 불효자도 없을 거예요. 평생을 게으르게만 살아왔고 인생의 밑바닥까지 내려갔던 적도 있습니다. 지금에 와서야 정신을 차리고 살려 해도 그 마음이 오래가지 못합니다. 마음먹고 하루를 열심히 살더라도 결국 다시 게을러지고 그 전 생활로 되돌아갑니다. 한결같이 작심삼일도 못하는 제가 너무 밉습니다."

이와 비슷한 고민을 하는 10,20대들이 정말 많습니다. 꾸준히 목표를 위해 노력하는 방법을 찾다보면 지치기 마련이고 과거와 똑같은 삶으로 돌아가는 경우가 허다합니다. 제가 겪어보았기에 누구보다 그 마음을 잘 알고 있습니다. 그럼 위와 같은 생각을 하는 10,20대들이 지치지 않고 앞으로 나아가는 삶을 살기 위해서는 어떤 생각을 가져야 할까요?

지금까지 열심히 살아왔다는 착각

먼저 당장의 성적표에 'A'가 가득 차 있든 'F'가 가득 차 있든 그런 것은 중요하지 않습니다. 목표를 위해 멋진 스펙을 쌓고 좋은 대학에 입학했든, 공부를 열심히 안 해서 지방에 있는 대학에 들어갔든 그런 것도 중요하지 않습니다. 지금까지 어떤 삶을 살아왔든 앞으로 나아가기 위해서는 '내가 지금까지 최고로 열심히 살아왔구나'라는 '착각'을 해야 합니다.

'나라서 이런 생각이라도 할 수 있는 거야.'

'나니까 지금이라도 열정을 가슴에 품을 수 있는 거야.'

이런 강한 착각은 결국 생각이 되고 '현실'이 됩니다. 앞서 제가 '척 하기'에서 했던 이야기들을 떠올려보세요. 2013년부터 제 카카오톡 프로필은 '천재정철'로 되어 있습니다. 아직도 그대로지요. 당시에는 아무도 저를 천재라고 인정해주지 않았습니다. 인정은커녕 비웃는 친구들이 훨씬 많았지요. 공부도 못했고 남들보다 머리가 비상하지도 않았으니까요. 하지만 저는 남들의 시선은 신경 쓰지 않았습니다. 그저 '나는 원래 천재다'라고 생각하며 살았습니다. 그로부터 3년이 흐른 지금의 이정철은 조금씩 주변에서 천재라는 평가를 듣고 있습니다. 지금까지 제가 꾸준히 노력해서 얻은 일종의 칭호라고 생각하고 있습니다.

꾸준히 앞으로 나아갈 수 있는 힘은 '밑바닥 인생을 벗어나 이제부터라도 열심히 살아야지'가 아니라, '지금까지 열심히 살아왔으니 오늘은 더 열심히 살아야지'라는 생각에서 나온다고 봅니다. 이런 사고방식이 내일도 그 다음날도 내년에도 열심히 노력하게 만들어줍니다. 어떤 하루든 여러분이 그 하루를 열심히 살았다고 생각하면 그게 맞는 것입니다. 남들이 뭐라 하든 여러분의 '착각'을 '고집'하세요. 여러분이 원하는 형상에 따른 착각이 반드시 그에 걸맞은 현실로 나타날 것입니다.

'하루의 시작'의 특별한 의미

우리는 무엇인가 크게 전환되는 시점을 특별하게 받아들입니다. 신년의 시작, 새학기의 시작, 입사한 회사의 첫 출근 등 무언가 전환되는 시점에 새로운 마음가짐을 가지지요. 12월이 되면 내년의 목표를 세우고 계획을 짜기 시작합니다. '내년에는 꼭 자격증을 취득해야지', '내년에는 토익공부를 시작해야겠어' 등의 계획을 세우며 기분 좋게 미래를 결정짓기 시작하지요. 새학기가 시작되면 학생들도 분주해집니다. '이번 학기에는 지각이나 결석 없이 열심히 학교에 다녀야지', '이번 학기에는 꼭 열심히 공부해서 장학금을 타야지' 등의 약속을 스스로에게 합니다.

참 이상하게도 이런 계획은 좀처럼 지켜지지 않습니다. 계획은 칼 같이 세웠지만 몸은 물러 터져 늘 베이기만 하지요. 시간이 지날

수록 원했던 목표나 계획에서 멀어지고 결국 다음 학기를 넘어서 내년을 기약하게 됩니다. 우리가 정한 그 '특별한 날'이 점점 멀어질수록 내년에 나를 맞이할 '더 특별한 날'을 기다리게 됩니다. 왜 그럴까요? 신년의 마음가짐과 새학기의 마음가짐을 끝까지 가지고 가지 못하는 이유는 무엇일까요?

우리가 연초나 새학기처럼 무언가 크게 전환되는 시점만 특별하게 받아들이기 때문입니다. 신년의 마음가짐을 계속 가져가고 싶다면 '하루의 시작'을 연초나 새학기만큼 특별한 전환점이라고 생각해야 합니다. 자정이 지나고 다음 날로 바뀌는 그 시점도 특별한 전환점으로 인식해야 한다는 말입니다.

어느 날 저와 함께 새벽 4시까지 술을 마셨던 친구가 집에 가는 길에 출근길에 나선 사람을 보면서 이런 말을 하더군요.

"정철아, 저 사람 진짜 부지런하다. 하루를 저렇게 빨리 시작하는 사람도 있구나…."

저는 친구에게 이렇게 말했습니다.

"아니, 하루가 시작된 지 4시간이나 지났는데 저걸 빠르다고 할 수 있는 거야?"

"…"

저는 부지런한 아침형 인간은 아닙니다. 매일 같은 시간에 일어나지도 않고 일찍 일어나 하루를 준비하지도 않습니다. 저에게는 하루가 자정에 시작된다는 사실이 중요했습니다. 앞서 이야기했듯이 저는 매일 자정에 새롭게 시작되는 오늘의 목표를 세웁니다. 오늘의 목표는 오늘만 이룰 수 있는 특별한 것이라고 생각하면서요.
신년에 세운 큰 목표에서 가지 쳐서 나온 작은 목표들을 특별하게
생각하며 하루하루를 만들어갔습니다. 무리해서 과한 목표를 세울
필요도 없고, 자신의 재량껏 그날의 컨디션에 따라 오늘만의 새로
운 목표를 세우는 것이지요. 이런 작은 목표들을 자정에 꼭 정해두
고 잠에 들어서 어떤 날은 아침 9시에 일어나기도 하고 어떤 날은
정오가 다 되어서 일어나기도 했습니다. 사람이 기계도 아니고 어
떻게 매일 같은 시간에 딱딱 맞춰 일어나겠습니까? 피곤하면 좀 더
잘 수도 있고, 일찍 일어나 개운하게 하루를 시작하는 날도 있는 것
이지요.

'그저 오늘은 오늘만 열심히 살아야겠다.'

이렇게 생각하면 되는 것입니다. '내일도 열심히 살아야겠다'는
마음은 내일의 여러분이 결정할 일이지, 당장은 최선을 다해 살 오
늘을 특별하게 받아들이면 됩니다. 그래서 저는 전혀 걱정되지도
조급하지도 않았습니다. 저의 하루는 누구보다 빠른 시간인 자정에
시작되었으니까요. 이런 생각을 가지고 살아간다면 하루를 알차게
보내는 것과 하루를 일찍 시작하는 것과는 크게 관계가 없게 됩니
다. 그저 눈을 뜬 순간부터 오늘의 목표에 충실하고 최선을 다해 노
력하겠다는 결심, 그것으로 그만인 것이지요.

작심삼일보다 효과적인 작심일일의 반복

"저는 왜 이렇게 끈기가 없을까요? 작심삼일도 못하고 늘 포기합니다."

작심삼일도 하지 못하고 포기하는 여러분이 정상입니다. 작심삼일을 하는 것 또한 내일과 이틀 후의 나의 미래를 결정짓는 행위입니다. 누구든 초심은 잃기 마련입니다. 시간이 흐른 뒤에 마음이 변하는 것은 당연한 일이며, 우리는 상황에 따라 더 강해지기도 하고 더 나약해지기도 합니다. 다음 날 심한 독감에 걸려 앓아누울 수도 있고, 불의의 사고를 당할 수도 있어요. 이런 상황에서 목표를 위해 달리기는 쉽지 않습니다. 늘 한결같을 수는 없지요. 정답은 주어진 오늘 하루를 특별하게 받아들이고 최선을 다하는 것입니다. 여러분이 내일도 열심히 노력할 수 있을지는 내일이 되어보아야 알 수 있지 않겠어요?

따라서 4일에 한 번씩 작심삼일을 하는 방법보다는 작심일일을 매일하는 방법이 효과적입니다. 결국 내일도 시간이 지나면 오늘이 될 테지만, 내일을 '오늘'이 아니라 '내일'로 표현하는 이유는 분명 지금과 같은 오늘은 아니라는 의미일 테니까요. 오늘의 목표는 오늘만 이룰 수 있습니다. 오늘을 특별하게 받아들이고 하루하루 최선을 다한다면 지치지 않고 목표를 향해 나아갈 수 있습니다.

배움에 대한 겸손함

앞으로 나아가는 힘의 핵심은 '늘 부족함을 인식'하는 데 있습니다. 이미 알고 있는 지식이라고 생각하는 순간 더 이상 지식의 가치를 느끼지 못하게 됩니다. 분명 자만이며 오만이지요. 머리는 늘 배고픈 상태를 유지해야 합니다. 저를 포함해 여러분 도두 아직 배워야 할 것들이 너무나 많습니다. 사실 '이미 알고 있는 지식'도, '우리가 다 알고 있는 지식'도 없습니다. 어떤 분야의 전문가라도 마찬가지입니다. 가령 중학교 수학 올림피아드 문제는 웬만한 수학교사도 꽤나 고민을 해보아야 풀 수 있습니다.

기존의 방식과 전혀 다른 사고가 필요한 문제, 기존의 태도와는 다른 태도로 임해야 하는 문제 등 사회에 변화무쌍하게 생기고 있는 수많은 문제들은 기성세대가 아닌 저를 포함한 우리 10,20대들이 해결해나가야 합니다. 정말 훌륭한 사람은 '다 안다고 생각하는 사람'이라기보다는 '더 배우려는 사람'입니다. 어떤 분야에 완벽한 사람은 없습니다. 어쩌면 완벽해지려고 노력하는 사람을 완벽한 사람이라고 표현하는지도 모릅니다.

'사람의 지식은 원의 반지름이다. 그 반지름으로 원을 만들면, 그 원의 면적만큼 본인이 모른다는 사실을 알게 된다.'

저는 피타고라스가 한 이 말을 처음 접했을 때 의미를 잘 이해하지 못했습니다. 그런데 공부하고 경험할수록 그 의미를 깨닫게 되더군요. 저의 지식의 반지름은 점점 더 길어지고 있었고, 원의 면적은 점점 더 커지고 있었습니다. 얼마나 더 배울 것들이 많은지, 얼마나 더 수행해야 할 일들이 많은지 깨닫게 되었지요. 여러분도 스스로 많이 알고 있다고 생각하는 순간, 모순되게도 많이 모른다는 사실을 알게 될 것입니다. 성과가 잘 나타날수록, 소신이 뚜렷할수록, 자만하지 말고 늘 노력하고 겸손해지기를 바랍니다.

서로 연결되어 있는 지식의 고리

"열심히는 살고 있는데 목표와는 정반대 방향으로 향하고 있는 거 같아요."

이미 꿈과는 멀어졌고 그럭저럭 성적에 맞춰 입학한 대학이나 학과에 불만을 품은 학생들이 자주 하는 고민입니다.

"정말 하고 싶었던 일은 디자이너였지만 부모님의 권유로 취업이 잘되는 기계공학과에 들어갔습니다. 마음먹고 노력해서 좋은 학점을 받고 있지만 이게 정말 미래에 도움이 되는 일인지, 시간낭비를 하고 있는 건 아닌지 모르겠습니다."

지금 자신이 공부하는 지식들이 스스로의 미래에 쓸모가 있는지 없는지를 고민하는 것입니다. 하지만 세상에 '쓸모없는 지식'은 없습니다. 모든 지식은 서로 연관되어 있기 때문입니다.

저 또한 강사를 꿈꾸지만 산업공학과에 재학하고 있습니다. 하지만 산업공학도로서 배우는 학문에 전혀 불만이 없습니다. 이 분야에서 제가 강사로서 받아들여야 할 지식과 마음가짐을 배우고 활용할 영역을 찾는 것 또한 학문하는 올바른 자세일 터니까요. 이렇게 생각하면 지식을 받아들이는 태도가 달라집니다.

위의 사례에 나오는 기계공학 분야에서도 디자인적 요소를 무시할 수 없습니다. 만일 사례의 학생이 기계공학과에서 배운 지식들을 자신의 디자인적 재능에 어떻게 활용할지를 생각해본다면 두 학문이 전혀 무관하진 않다는 사실을 알게 될 것입니다. 가령 현장에 배치할 기계를 보다 안전하게 디자인할 수 있는 인재를 원하는 회사도 있을 테니까요.

어떤 농사짓는 할아버지는 수학과를 졸업한 경력이 농사에 도움이 된다는 자부심을 가지고 있습니다. 다른 농부들보다 손익계산이 정확하고, 상추와 고추의 재배비율과 경작지를 어떻게 효율적으로 배분할지를 결정하는 데 있어서 수학적 지식을 효과적으로 활용하고 있기 때문입니다.

이렇게 지식은 꽤나 다방면으로 연결되어 있습니다. 중요한 것은 그 지식들을 상황에 맞게 활용하는 능력이지요. 하지만 이런 사고방식을 갖더라도 지금 배우고 있는 지식이 자신과는 전혀 맞지 않는다고 생각할 수 있습니다. 자신이 하고 싶은 일과는 전혀 연관성이 없다고 생각할 수도 있고요.

"힘들게 공부해서 좋은 대학교에 입학했지만 도저히 저와 맞지를 않아요. 이미 3학년까지 다닌 상태이니 이제 와서 학교를 때려 치기에는 지금까지 공부한 노력과 등록금이 너무 아깝고요.”

이럴 때는 과감히 내려놓아야 합니다. 업무나 학업이 자신이 원했던 것과는 전혀 맞지 않을 수 있습니다. 대학의 간판만 보고 혹은 회사의 간판만 보고 들어갔는데 자신과 맞지 않는다면 별 수 있겠습니까? 내가 살아가는 데 도저히 활용될 지식이 아니라고 생각되는 순간, 내가 행복하지 못할 것 같다는 확신이 든 순간, 그때라도 내려놓아야 합니다. 앞서 '행복과 성공을 위한 4단계 의식작용'에서 이야기했듯이 원하지 않는 일을 하며 살아가면 행복을 느끼기 어렵습니다. 책임질 것들이 조금이라도 적을 때, 다시 시작할 수 있을 때 내려놓아야 합니다. 지금까지의 노력이 아까워서 혹은 간판이 아까워서라면 욕심부터 내려놓으세요. 이것이 분명 욕심과 행복을 바꾸는 결단입니다.

성취와 행복을 앞당기는 나만의 핵심(core)

“저는 뛰어난 분야가 없습니다. 남들처럼 특별한 재능이 없는 거 같아요. 모든 분야에서 평균적입니다. 제가 사장이라도 특별한 재능 없는 저를 안 뽑을 거 같습니다.”

정말 천부적인 재능을 타고난 사람은 극히 드뭅니다. 모든 분야에서 뛰어난 사람도 극히 드물지요. 그런데도 어떤 사람들은 누군가가 필요로 하기도 하고, 어떤 사람들은 필요로 하는 사람이 없습니다. 이 두 부류의 사람들 사이에는 어떤 차이가 있을까요? 누군가에게 필요한 사람들은 천부적인 무언가를 타고난 인재들일까요? 아마 아닐 것입니다. 다만 그런 사람들은 자신만의 '핵심(core)'을 개발했다는 차이가 있습니다. 꼭 기술적인 측면이 아니어도 말입니다.

제가 아는 한 학회장은 그리 훌륭한 성격을 가지지도, 특별한 경력이나 스펙이 있지도 않습니다. 실수도 많이 하고 부족한 면이 많은 사람이지요. 그런데 어떻게 학회장에 당선되었을까요? 두루두루 훌륭한 면이 많은 사람도 있었을 텐데 말이지요. 그 학회장에게는 화를 내지 않고 카리스마로 사람을 이끄는 힘이 있었습니다. 그 힘을 자신만의 '핵심(core)'으로 키운 것이지요. 그래서 아무도 그 사람의 자리를 시기하거나 부정하지 않았습니다.

취업이나 입시를 위해 자기소개서를 쓸 때도 마찬가지입니다. 요즘 취업이나 입시를 준비하는 사람들은 자기소개서에 한 줄이라도 더 쓸거리를 찾아 헤맵니다. 스펙도 경험도 쓸 것이 없다면 이리저리 대외활동을 다니거나 자격증을 따러 다니지요. 하지만 그런다고 해서 취업이나 입시난의 벽을 뚫지는 못합니다.

대학의 입시사정관이나 회사의 인사담당자라면 '이런저런 자격증이 있다'라든가 '이런저런 대외활동을 했다' 등의 내용이 적힌 자기소개서를 수백, 수천 번 보았을 것입니다. 한마디로 뻔한 이야기들이지요. 자기소개서는 그런 이야기를 쓰는 공간이 아닙니다. 남들과는 다른, 나만의 무기를 적는 곳이지요. 바로 나만의 '핵심(core)'을 적는 공간입니다. 그래서 우리는 성취와 동시에 그 핵심(core)을 만들어나가야 합니다.

저의 경우 책을 쓰면서 다른 사람들과는 다른 특별한 공감능력을 키웠습니다. 때로는 10대의 입장에서, 때로는 20대의 입장에서 그리고 때로는 기성세대의 입장에서 공감하는 능력을 키웠지요. 그러다 보면 만나는 사람들의 연령대에 관계없이 공감하며 대화하는 기술이 달라집니다. 이것이 바로 저만의 핵심인 것이지요.

디자이너가 꿈인 제 친구는 자기 옷을 직접 만들어 입습니다. 자신이 키가 많이 작아서 키 작은 사람들에게 어울리는 옷들을 만들고 싶다고 합니다. 그 친구는 키 작은 사람들의 마음을 누구보다 잘 알고 있기에 그 분야에 대해 끊임없이 연구하고 노력할 것입니다. 이렇게 성취를 해나가며 나만의 핵심을 개발해나가는 것입니다.

천부적으로 멋진 능력을 가지고 태어난 사람은 별로 없습니다. 그렇다고 가만히 있으면 아무것도 이룰 수 없겠지요. 그래서 모두들 각자의 꿈에 한 발짝씩 다가가기 위해 노력하는 동시에 핵심 무기를 개발하고 있는 것입니다. 때로는 그 핵심(core)을 개발한 순간 성취의 행복을 더 빠르게 얻을 수 있는 길이 보이기도 합니다.

3부를 마치며_
오늘, 행복하고 싶은 당신에게

정말 자신과 잘 맞는 재능을 찾아내서 열심히 노력하는 친구들을 많이 보았습니다. 하고 싶은 일을 하며 행복해 하는 친구들을 만나면 보기가 좋습니다. 그런데 만일 그런 친구들이 저를 찾아와서 "나에게 성공은 언제쯤 오는 걸까?"라고 묻는다면, 제가 제시해줄 수 있는 성공의 공식은 이렇습니다.

재능X노력=기술

기술X노력=성공?

재능과 노력이 만나면 기술이 생깁니다. 앞서 이야기한 '핵심(core)'이 되는 것이지요. 그 기술을 가지고 노력해야 성공에 가까워집니다. 하지만 어떤 사람에게는 이런 핵심이 있더라도 성공이 오지 않을 수 있습니다. 그 이유를 찾기 전에 먼저 성공의 기준이 과연 무엇인지부터 생각해볼 필요가 있습니다.

여러분에게는 성공의 기준이 무엇인가요? 멋진 외제차를 타며 큰 빌딩을 하나 소유하면 성공인가요? 꿈꾸었던 직장에 들어가 빠른 승진을 하며 자수성가를 하면 성공한 삶인가요? 물론 성공의 기준은 사람마다 다르겠지만, 만일 스스로 계획했던 목표에 도달했을 때 성공이 온다고 생각했다면 그 다음에는 무엇을 위해 삶을 살아야 할까요? 그래서 앞에서 제시한 성공의 공식에 있는 물음표를 제거하기 위해서는 이런 부가적인 옵션이 추가되어야 합니다.

기술×노력×만족=성공

모든 10,20대들의 삶의 목표가 성공이라면 꽤나 어지러운 세상이 될 것입니다. 모두가 성공을 위해 달려나가다보면 필연적으로 경쟁을 해야 하고, 그 과정에서 경쟁자를 밟고 올라서기도 하고 때로는 윗사람을 끌어내려야 하는 삶을 살아야 하니까요. 그 과정이 늘 행복하기는 어렵겠지요. 따라서 우리는 우리의 일차적 목표가 성공이 아니라 행복이라는 사실을 잊어서는 안 됩니다. 성공과 행복을 착각해서는 안 된다는 것이지요. 성공이 온다고 해서 반드시 행복이 따라오지는 않으니까요.

얼마 전 사업을 준비하는 친구와 이런 대화를 나누었습니다.

"내가 바라는 성공은 지금 준비하고 있는 사업에서 성공해서 큰
돈을 버는 거야."

"큰돈을 벌어서 뭐하려고?"

"그게 좀 더 멋진 삶을 살게 해주지 않을까?"

"그럼 결국 남들보다 멋지게 사는 게 성공인 거네? 그런데 멋지
게 살면 뭐가 좋은데?"

"그냥 좋은 게 좋은 거 아냐? 적어도 그게 조금 더 행복하지 않을
까?"

결국 성공이 목표라고 하지만 최종적인 목표는 행복인 것이지요.
하지만 이런 사고방식을 가지고 있다면 결국 사업에서 성공하지 못
하면 영영 행복해질 수도 없게 됩니다. 현재 10,20대들이 머릿속에
그리는 성공은 대부분 이런 식입니다. 남들보다 큰 집, 남들보다 멋
진 차 등에 대한 소유욕이 해결되면 행복이 찾아올 것이라고 믿고
있지요.

왜 목표를 '소유'에 두게 되었을까요? 요즘 10,20대들은 편한 일,
돈 많이 주는 일에 관심이 많습니다. 그래서 친구가 아르바이트를
구했다거나 회사에 입사했다고 하면 가장 먼저 이렇기 묻지요.

"돈은 많이 줘?"

그 다음 질문은 이렇습니다.

"일은 편해?"

죽어도 "네가 원했던 일이야?"라고는 묻지 않지요. 여기저기에서
'내 집 마련', '내 차 마련' 타령을 들으며 커왔으니 목표를 소유에

둘 수밖에 없는 것입니다. 그저 편하고 돈 많이 주는 일이면 원했던 일이 아니어도 살아가겠다는 식이지요.

돈은 많이 주고 일은 편한데 여러분이 원했던 일은 아닌, 그런 직장에 다니고 있다고 상상해보세요. 원했던 일은 아니지만 열심히 노력해서 내 집, 내 차를 마련하면 거기에서 만족감과 행복을 느낄 수 있을까요? 그때가 되면 더 좋은 집, 더 멋진 차가 눈에 들어오지 않을까요? 이런 사고방식으로는 '내 집'이 생겨도 '내 차'가 생겨도 행복하지는 못할 것입니다.

책임질 수 있는 것들을 책임질 수 있는 능력을 갖추고
자신의 삶에 사명감과 행복감을 느끼는 사람

이것이 제가 생각하는 성공한 사람의 모델입니다. 여러분이 생각한 성공과는 좀 많이 다르지요? 사실 물질적인 것들은 막상 가져보면 성공과는 거리가 꽤 멉니다. 원했던 무엇인가를 소유한 순간에 느끼는 그 황홀한 기쁨은 그리 오래가지 못합니다. 로또에 당첨되어도 한 달쯤 지나면 처음 당첨되었을 때의 기분이 사라질 거예요. 정말 갖고 싶었던 시계를 갖게 되어도 시간이 지나면 다른 시계를 갖고 싶어질 것입니다. 이것이 성공의 목표를 소유에 두어서는 안 되는 이유입니다.

제 아버지는 처음으로 입사한 기업이 마지막 기업입니다. 한 기업에서 30년 가까이 근무했지요. 남들이 부자라고 인정할 만한 돈을 벌지는 못했지만 당신의 일에 대한 불평이 전혀 없었습니다. 늘 최선을 다하려고 노력했지요. 제가 보는 아버지는 가장으로서의 역할도 완벽하게 하고 있습니다. 그래서 저에게 있어서 아버지는 '성공한 사람'입니다.

어머니는 어떨까요? 제 어머니는 간호사입니다. 근무를 마치고 오면 가족과 함께 식사를 하면서 병원에서 있었던 재밌는 에피소드를 풀어놓습니다. 말하는 어머니도 듣는 가족들도 행복하고 재밌습니다. 주부로서의 역할도 기가 막힙니다. 그러니 저에게 있어서는 어머니도 '성공한 사람'입니다.

이런 관점으로 보면 회사원도 간호사도, 그 어떤 직업이라도 성공할 수 있는 직업입니다. 앞서 여러 차례 이야기했듯이 원하는 일을 하며 그 안에서 만족감과 행복감을 느낀다면 그것이 행복이고 성공인 것이지요. 가장이라면 집안의 기둥으로서 책임질 수 있는 능력을 갖추고 자신이 하는 일에서 행복을 느낀다면 성공한 사람입니다. 회사의 CEO라면 회사를 책임질 수 있는 능력을 갖추고 그 일에서 행복감을 느낀다면 성공한 사람입니다. 외제차를 끌고 다니며 해외에 별장을 사놓고 놀고먹는 삶이 CEO의 성공 기준은 아니라는 것이지요.

직업이 무엇이든, 나이가 얼마이든, 이런 것들은 성공에 결정적인 영향을 미치지 못합니다. 자신의 일에 사명감을 갖고 그 안에서 최선을 다하고 행복을 찾아야 합니다. 그리고 나이에 걸맞게 책임져야 할 일들을 책임질 수 있는 능력을 키워야 합니다. 학생이라면 학생으로서 책임질 수 있는 일들을 책임질 능력을 키우세요. 그리고 하고 싶었던 일을 하십시오. 가슴에 품었던 혹은 품고 있는 그 꿈을 절대 버리지 마십시오. 직장인이라면 자신의 일에 사명감을 가지고 일하고 있는지 스스로에게 물어보십시오. 일을 할 때 행복한가요? 여러분이 원했던 일인가요? 스스로 인생을 책임질 능력을 키웠나요? 이런 질문들에 자신 있게 대답할 수 있다면 당신은 성공한 사람이며 행복한 사람입니다. 성공과 행복을 너무 멀리서 찾지 마십시오.

여러분이 이 책을 다 읽고 '나도 한 번 행복을 찾아볼까?'라는 생각만 가져도 저는 만족할 것입니다. 스스로에게 던진 이 짧은 질문이 호기심이 되고 실천이 되고 결국 현실이 될 테니까요. 너무 완벽하게 준비해서 시작하지 않아도 됩니다. 이 책에 쓰인 내용이 하나도 머릿속에 남지 않아도 좋습니다. 그저 일단 무턱대고 시작했으면 하는 바람입니다. 위의 질문 한 줄로 시작해보세요. 여러분이 행복해지기 위해서 말이지요. 이 책을 읽는 여러분이 누구든, 어떤 상황이든 그런 것은 중요하지 않습니다. 단지 여러분이 오늘 행복할 수 있다는 사실을 잊지 않았으면 좋겠습니다.

생존과 꿈 사이에서 고민하는 청춘에게

질러! 니 멋대로!

1판 1쇄 인쇄 2017년 10월 25일
1판 1쇄 발행 2017년 10월 30일

지은이 이정철
펴낸이 송준화
펴낸곳 아틀라스북스
등   록 2014년 8월 26일 제399-2017-000017호

기획편집총괄 송준화
마케팅총괄 박진규
디자인 김민정

주소 (12084) 경기도 남양주시 청학로 78 812호(스파빌)
전화 070-8825-6068
팩스 0303-3441-6068
이메일 atlasbooks@naver.com

ISBN 979-11-88194-02-5 (13200)
값 13,000원

이 도서의 국립중앙도서관 출판시도서목록(CIP)은 서지정보유통지원시스템 홈페이지
(http://seoji.nl.go.kr)와 국가자료공동목록시스템(http://www.nl.go.kr/kolisnet)에서
이용하실 수 있습니다.(CIP제어번호 : CIP 2017025744)